中国古代十大思想家

理学集大成者朱熹

李朝阳　主编

黄河出版传媒集团
阳光出版社

图书在版编目（CIP）数据

理学集大成者朱熹 / 李朝阳主编. —— 银川：阳光出版社，
2016.8（2020.12重印）
（中国古代十大思想家）
ISBN 978-7-5525-2946-3

Ⅰ.①理… Ⅱ.①李… Ⅲ.①朱熹（1130-1200）-
哲学思想 Ⅳ.①B244.7

中国版本图书馆CIP数据核字(2016)第214669号

中国古代十大思想家　理学集大成者朱熹　　李朝阳　主编

责任编辑　贾　莉
封面设计　民谐文化
责任印制　岳建宁

黄河出版传媒集团　阳光出版社　出版发行

出 版 人　薛文斌
地　　址　宁夏银川市北京东路139号出版大厦（750001）
网　　址　http://www.ygchbs.com
网上书店　http://www.shop129132959.taobao.com
电子信箱　yangguangchubanshe@163.com
邮购电话　0951-5047283
经　　销　全国新华书店
印刷装订　河北燕龙印刷有限公司
印刷委托书号　（宁）0019178

开　　本　710 mm×1000 mm　1/16
印　　张　9
字　　数　174千字
版　　次　2016年11月第1版
印　　次　2021年1月第2次印刷
书　　号　ISBN 978-7-5525-2946-3
定　　价　27.00元

前　言

在中华民族长达五千年的历史长河中，勤劳勇敢的中国人凭借自身的聪明才智，创造了曾经领先于世界的古代物质文明，也创造了处于世界前列的古代精神文明。中国优秀的传统文化源远流长，深深根植于中华民族生存和发展的"土壤"中。

中华文化之所以能够屹立于世界民族之林，其原因是多方面的，其中十分重要的一点，就是智慧的中华民族，在长期的生产活动、社会活动、思维活动的过程中，逐渐创造、积累和发展了具有以生生不息的内在思想活力为核心的优秀传统文化。这些是"中华魂"的一个表现方面，是国学不可或缺的一个部分，是中华民族伟大而坚强的精神支柱，是民族凝聚力和生命力之所在，是亿万炎黄子孙引以为豪的无价之宝。

当然，我国的传统文化既有精华，又有糟粕。因此，我们持全盘肯定或全盘否定的态度是不对的。而一知半解、信口开河或以漠然的态度对待我们宝贵的传统文化同样也是不对的。

经过了一个多世纪的巨大的社会实验的验证，我们终于明白了一个道理：发展并不是一味地摒弃过去，发展的障碍往往是对过去的不屑一顾。也就是说，为了更好地走向未来，我们不能同过去的一切彻底决裂，甚至将过去彻底砸烂；而应该妥善地利用过去，在过去这块既定的地基上构筑未来大厦。如果眼睛高于头顶，只愿在白纸上构筑美好的未来，那么，所走向的绝不会是真正的未来，而只能是空中楼阁。

那么，我们该用怎样的态度去对待我们的传统文化呢？

1. **取精华，弃糟粕。**对待中国传统文化，就应该持辩证否定的态度，就像筛选谷物一样，去粗取精，去伪存真，就不会犯"要么肯定一切，要么否定一切"的形而上学错误。研究、分析中国的传统文化不是过多地探讨古人具体离奇的故事，而应有选择地学习民族精神中的独特优点和汲取精华部分。

例如儒家的"三纲五常"，如果依现代人看来，明显是糟粕，但是"三纲五常"最初的含义则是要我们对长辈、父母有一颗感激的心：比如"父为子纲"是发展到了一种极端的状况，开始的时候只是一种心灵的活动，父母养育子女，子女应该懂得感激和回报。这样，双方的心灵就会有一种互动，感受到对方的心意，这时，"情"才会出来，这就是性情的学问。如果从这个角度而言也有其可取之处的。再例如"君为臣纲"，封建社会要求臣下愚忠于皇帝，但皇帝是封建最高统治者，用皇帝的"朕即国家"来说，那也是爱国，忠君是糟粕，爱国却永远正确。

2. **淡形式，重内容。**形式和内容的关系是复杂的：同一内容，由于条件不同，可以有多种形式；同一形式也可以表现不同的内容；新内容可以利用旧形式，旧内容也可以利用新形式。内容与形式的关系并不是并列的、没有主从之分的，在两者之间，内容起着主导的、决定的作用。内容决定形式，形式为内容服务，这是文学作品内容和形式的一般关系。

我们学习传统文化也是如此，"师古不泥古，师古不复古"，并不是穿汉服、行官礼才是传统文化。学习传统文化要重在领会传统文化的精神和思想理念，其目的是为了滋养人格，领悟思想，改善行为。

3. **既传承，又创新。**创新，是传承基础上的创新，继承也是创新基础上的继承。继承传统的目的并不是固守传统，而在于推陈出新。创新是继承中的变革，渐进中的变革。传统文化要"古为今用"，弘扬传统文化时要注意传承，更要创新。

4. **先要学，后要用。**孔子说："学而不思则罔"。学习重在学用结合。只有学用结合，才能取得良好的学习成果。与纯粹的历史学不一样，弘扬中国传统文化有追求现实进步的含义，是"扬善"和"留美"，既要学，更在用，不是"坐而论道"，这是传统文化在新时期的价值归宿。即使是提倡"清静无为"的道学，老子在《道德经》中也是倡导"以正治国、以奇用兵、以无事取天下"，而不是一味在书房朗诵"道可道，非常道"。

如儒家的"上善若水，厚德载物"思想，完全"古为今用"。其大致意思是：人的善心应该像水一样。水善于滋润万物而不与万物相争，停留在众人都不喜欢的地方，因此最接近于"道"。最善的人，最善于选择地方，心胸善于保持沉静而深不可测，待人善于真诚、友爱和无私，说话善于恪守信用，从政善于精简处理，能把国家治理好，做事能够善于发挥所长，行动善于把握时机。最善的人所作所为正因为有不争的美德，因此没有什么过失，也就没有咎怨。

"上善若水，厚德载物"也是现代很多企业价值观的核心。结合现代企业而言，企业所提供的产品或者服务本身就是服务于民众，解决社会的一些供求矛盾，而不是单纯的利润追求，这本身就是为善。当他们在为社会和民众服务得到一定的利润后，继而考虑把利润中的一部分拿出来继续投入到社会的发展中去，当然这也包含企业投入成本提高服务的品质或者产品的科研开发等等，而更重要的是很多企业也把很多的利润拿出来为社会的公益事业服务。

纵观我国古代思想史，最有成就和影响最大的十位思想家是：老子、孔子、孟子、庄子、荀子、董仲舒、朱熹、王阳明、黄宗羲、王夫之。他们的思想反映了中国古代思想发展的主要线索。

在物质欲望极度膨胀、科技文化高度发达的现代社会，许多人陷入了超重的生活而不自知。所以，现代人寻找精神家园、追寻生命的本真、探索思想的原始呼声就越来越高。

在本套丛书中，我们深入浅出地分析了中国古代对后世影响最深远的十大思想家的思想观念，力图呈现他们的思想特质。我们萃取他们的人生智慧，以期对现代人有所启迪。有人在怀疑古代思想家的智慧是否已经过时了，我们要说的是：古代十大思想家的智慧不会过时，历史的风雨不会使他们的智慧褪色。他们的智慧是人类的大智慧，既然是人类的大智慧应当属于所有的时代。他们的很多思想精髓能够滋养我们的精神，他们的很多人生智慧都能帮助我们解决现实的人生问题。

十大思想家似人世间的棋艺高手，以人世间的大智大慧将做人原则和治世理念，生存体验与生活智慧，精神境界和价格修养等等摆在一张棋盘上，不断变幻出深奥的棋局。他们以人性的目光关注纷繁复杂的社会人情，他们看重道德修养，他们的思想影响着中国封建社会几千年的礼乐文化、政治文化、制度文化、伦理道德、思维方式、价值观念、风俗习惯甚至治国安邦的总体思路。这些都是我们中华民族宝贵的精神财富。

让我们一起来聆听圣哲教诲，汲取人文给养吧！

目 录

第一章　朱熹一生轨迹

朱熹幼年受教于父，聪敏过人。父亲去世后，朱熹跟随胡宪、刘勉子、刘子翚三人学习，对佛道之学产生浓厚兴趣。绍兴十八年（1148 年），朱熹考中进士，并被派任泉州同安县任主簿，从此开始仕途生涯。

朱熹自 24 岁开始做官，到 71 岁去世，共被授官 20 余次，先后为左迪功郎、武学博士、朝奉郎、朝散郎，历任泉州同安主簿、秘书省秘书郎、知南康军、提举江西常平茶盐公事、直秘阁、薄提刑、江东提刑、秘阁修撰、江东转运使、漳州知府、湖南转运副使、潭州知府、湖南安抚、焕章阁待制兼侍讲等职。尽管朱熹"登第 50 年"，然而由于权臣当道，多次遭受排挤，或辞而不就，"仕于外者仅九考，立于朝者 40 日"。但，就是在这短暂的几任地方官上，朱熹照样取得了不俗的政绩，赢得老百姓的口碑。朱熹的政绩除了力主抗金、创立社仓外，南康救旱、浙东荒政、漳州经界等，都充分显示了他卓越的政治才能。《宋史·朱熹传》记载孝宗称赞朱熹说："朱熹政事却有可观。"他开出的正君心、立纪纲、明人伦、惩贪官、正官风、举荒政、薄赋敛、纾民困、育人才的救世药方，在中国政治思想史上占有重要地位。

朱子世家

2003 年 9 月，北京，秋季拍卖会，一件尤为珍贵的文献手卷——"婺源朱氏祖卷"引起一场不小的轰动。祖卷前面有南宋理宗赵昀的题识"江南第一文献之家"和他题在朱熹祖父朱森画像上的跋诗，同时还有他亲笔题写的朱熹赞。

暂且不论"婺源朱氏祖卷"的发掘已经是考古史上第三次出现宋理宗的手迹，

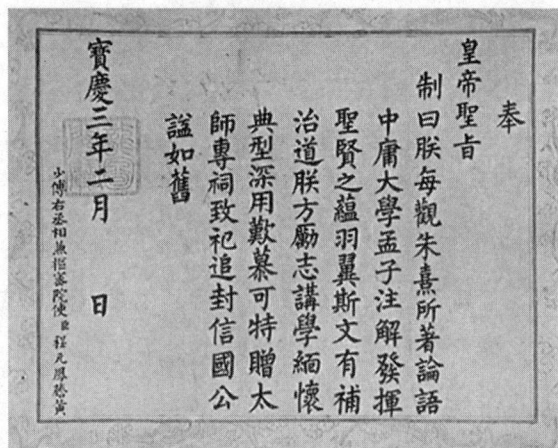

婺源朱氏祖卷宋理宗书赞朱熹

堪称奇观，更难能可贵的是，手卷中展示了朱子世家四代五位历史上留下青名的人物画像，他们分别是：朱熹的祖父朱森，朱森的堂兄弟、亦即朱熹从祖父朱弁，朱熹父亲朱松，朱熹本人和他第三个儿子朱在。

对于这五幅画像和宋理宗的三处手迹，手卷中由朱熹之子朱在和元代大文学家方回做了细致的记载。据说，在南宋端平五年（1238 年）三月二十九日，宋理宗做了一个梦，梦中朱熹向他讲解了《四书》，还没有全部讲完，梦就被惊醒了。宋理宗敬慕朱熹的学识，急召时任工部侍郎的朱熹第三子朱在，问他们家是否存有朱熹遗像，想看看这个遗像是否自己的梦中人。于是，朱在敬呈了朱森、朱松、朱熹三代画像。宋理宗用五天时间题写了跋语和像赞，钤"保和殿宝"之印赐还。从此这个祖卷就成了朱氏传家宝，世代相传，直至今日。

史载朱子世家为"婺源著姓，以儒传家"，在地方上很有名望。朱松祖辈世代为官，但祖上近三代却不曾有人做官。据江永编著的《近思录集注·考订朱子世家》记载："唐末，有朱古寮者，世为婺源镇将，因家焉。"自朱古寮传至朱森为第七代。

朱森，字良材，号退翁，又称退林，是位满腹经纶的文人，于 1097 年生下朱松。他屡次教诫儿子说：政邑（即今福建政和县）山明水秀，风光如画，可惜地

婺源朱氏祖卷朱森像

域僻隘，教学荒疏，你们要"涵濡教泽"，以"风化邑人子弟"，使之成为"名贤诞毓"之乡。

朱松，字乔年，号韦斋，深受父亲教训，果然不负众望，不到20岁就中进士，并于徽宗政和八年（1118年），授建州政和尉，接着调任剑州尤溪县尉、泉州石井镇监税等职。后来"因召对，称善，改左宣教郎，除秘书省校书郎"，之后还当过著作郎、支度员外郎等官。

其实在朱松以前，朱家家道就已经中落。朱松曾多次回忆起他的少年时代那种"家素贫，俯仰水菽之养，朝不谋夕""厄穷卑辱，无所不尝"的困窘之状。又说："我青少年时家境贫穷，地位低下，既不能用百十两银子当本钱做生意赚钱，从而在家乡体面地生活；又不能购得百亩田地，在大山之中亲自耕种养家糊口。环视家中，四壁萧条。"这说明朱松家境并不富裕。1121年，父亲朱森病死，朱松当时正在建州政和县尉任上，本来应护枢回江西婺源老家安葬，但"以贫不能归，遂葬其亲于政和县护国寺侧"。

朱松任职尤溪县尉、石井镇监税等职，其实都是被官僚瞧不起的小吏，因此生活十分潦倒。而当他经人推荐并经过官府考试，被任命为秘书省正字等官时，又因为性格刚直，不愿攀附权势而得罪朝中奸党势力。高宗绍兴十年（1140年），"秦桧决策议和，（朱）松与同列（同僚）上章，极言不可"。结果触怒了秦桧，被赶出了朝廷，受任出知饶州（今江西波阳）。还没有赴任，朱松就"得主管台州崇道观"，这种主管祠庙的闲职可以白拿俸禄，不用到职，从此，朱松就住在南剑州附近的家里。

有必要介绍一下南剑州这个地方，即现在福建辖区面积最大的地级市南平市，因为它恰好是理学创始人程颢的得意门生杨时的故乡，同时它是道学最初在南方的传播中心，孕育了闽学的诞生，滋养了闽学的发展与弘扬。杨时（1053—1135年），字行可，后改字中立，号龟山。宋神宗元丰四年（1081年），杨时到北方求学于程颢，学成返乡时，程颢目送他远去，不由感叹道："我的学说要转到南方去了！"后来的事实证明，程颢对杨时的信任和对未来学说发展态势的估量是非常精准的。程颢死后，杨时又到北方求学于程颢的弟弟程颐。有一次，杨时与游酢去拜见程颐，见老师正在厅堂上打瞌睡，不忍惊动，便静静地站在门廊下等候。这时，天空正纷纷扬扬下着大雪，待程颐醒来，门外的积雪已经很厚了，这就是有名的"程门立雪"的故事。

一般研究学者都认为杨时是"闽学鼻祖"，一生精研理学，尤其是他"倡道东南"，对闽中理学的兴起，立下了筚路蓝缕之功，他的哲学思想继承了二程的思想体系，被清圣祖玄烨尊为"程氏正宗"。杨时一生仕途顺利，从知县一直做到龙图阁学士，晚年一直在故乡讲学，使南剑州成为二程理学在南方的传播中心，弟子达千人之多。

这千名弟子中，罗从彦是被杨时认为"唯从彦可与言道"的一位正宗传人。罗从彦（1072—1135年），字仲素，先祖原居江西南昌，旧属豫章郡，后世称豫章先生。李启宇先生专著《闽学四贤略考》研究认为，罗从彦是闽学奠基人。他的传人中，较出名的有两位，一位是李侗，另一位就是朱熹的父亲朱松。而将乐人杨时、沙县人罗从彦和延平人李侗，就被后世人尊称为"南剑三先生"，是闽学的三大思想先驱。

朱松自得了一个有名无实的官衔闲居在家后，就结交了李侗，并同入罗从彦门下。他平素喜欢研究历史，"取经子史传，考其兴衰治乱，应时合变"。师从罗从彦后，也学习过杨时所传的河洛之学，并著有《韦斋集》十二卷，外集十卷，在理学上颇有一定成就。朱松一直把朱熹看作是他家儒业的唯一传人而着意培育，《朱子大全》卷九十七亦记载朱熹把父亲当作楷模来学习，"追慕攀号，无所逮及"。因此，我们可以这么说，朱熹从小的成长环境对他后来所取得的成就起到了良好的教化作用。

父慈子慧

宋高宗建炎四年（1130 年）农历九月十五日午时，朱熹诞生于南剑州尤溪县城南郑安道（别号义斋）馆舍（今南溪书院旧址），乳名沈郎。这时候，朱松已经从尤溪县尉去官数年，一直过着转徙不定的生活，最后因无处安身，又返回尤溪，暂时寓居于毓秀峰下郑氏草堂。

朱熹从小就具有好学深思的性格，显示出过人的聪颖与不凡的气质。据门人黄干编写的《朱子行状》一书记载中说，朱熹刚能说话时，父亲朱松指着蓝天告诉他："这是天。"他听后却进一步追问："天的上面是什么呢？"这丰富的想象力使朱松感到非常吃惊。《宋史》本传也有"熹幼颖悟，甫能言，父指天示之曰：'天也'，熹问曰：'天上何物'？"这一同样内容的记载，可见所传非虚。这之后，朱松就开始教授儿子《孝经》。朱熹 5 岁时，父亲送他去上学，并为此专门作了一首诗送给儿子说：尔去事斋居，操持好在初。故乡无厚业，旧箧有残书。夜寝灯迟灭，晨兴（起）发早梳。诗囊应令满，酒盏固（定）宜疏。……成家全赖汝，逝（离开）此莫踌躇。朱松在诗里一再叮嘱朱熹，家里没有丰厚的产业，希望他好好读书，以便日后支撑家业。朱松因再也无官可做，便在家乡教书勉强度日，朱熹上学的私塾请的老师，就是他父亲本人，因此，朱松在朱熹的幼年和少年时期，一直都承担着亦师亦父的角色。

黄干的《朱子行状》中记载，朱松自小苦读经书，"得中原文献之传，闻河洛之学，推明圣贤遗意，日诵《大学》《中庸》，以用力于致知诚意之地"，是一位胸藏治国经邦之道、践行正心诚意之学的饱学之士。朱松做学问，特别强调严辨义利。王阳明著述《宋元学案》卷39《豫章学案》记载了朱松曾经说过这样一句话："士之所志，其分在于义利之间，两端而已。然其发甚微，而其流甚远。譬之射焉，失毫厘于机栝之间，则差寻丈于百步之外矣。"因此，朱松对儿子的要求是严格按照儒家学做圣贤的目标去实行的，这对朱熹个性与人格的形成和做学问的品性与精神的锻铸产生了相当深刻的影响，王阳明就认为朱熹的立朝气概，刚毅绝俗，依然乃父之风。《四书集注·大学章句序》中朱熹自己就写道："河南程氏两夫子出，而有以接乎孟氏之传""虽以熹之不敏，亦幸私淑而与有闻焉。"这里朱熹自谦自己"不敏"，意在充分表达自己对父亲言传身教的感激之情。当然，父辈的熏陶的培育虽然能促成朱熹小时候的学风培养，但主要还是朱熹天生的"敏而好学"之功。

据朱熹自己回忆，在读书期间，他便对天地宇宙的问题发生相当大的兴趣，喜欢追根究底地思考天地四方的外面到底是什么东西，《朱子语类》卷九十四就记载朱熹"见人说四方无边，某思量也须有个尽处。如这壁相似，壁后也须有个什么物事。"为此，"某时思量得几乎成病，到而今也未知那壁后是何物。"还处在孩提时代的朱熹就能自己发问，围绕宋代理学家们喜欢探究的问题而寝食难安，思量成病，可见其天赋异秉。《朱子行状》中还记载了朱熹八岁时候的一件事说，某一天，他与其他孩子们一起在沙地上玩耍。其他孩子三五成群，嬉戏追逐，只有朱熹一个人端坐在一边。全神贯注地用手指画沙，而所画图案竟然是《周易》中的八卦。这些记载都是有史可寻的，可以看出朱熹自小就有天生神童的禀赋，对天地宇宙的本原问题抱有浓厚的兴趣，还爱好哲学思辨，似乎一出生就注定了将来是要成为一个哲学家的了。

同样是在8岁那年，朱熹几乎已经把《孝经》通读了个大概，并能知晓大义。当他对整本书了然于胸的时候，颇有感悟，在书上题字写道："不若是，非人也"：如果不这样做，我就不成人了。简短的几个字表现出朱熹对儒家伦常观念的强烈认同。十几岁时，朱熹就"厉志圣贤之学"，慨然有求道之志，每天研读《大学》《中庸》《论语》《孟子》，从不间断。也正是在这个时候，他对《孟子》中提到的

"圣人与我同类""人皆可以为尧舜"等观点深有感触，并以此为鞭策，立下了希圣希贤的宏志大愿。《朱子语类》卷一百零四原文记载朱熹当时的情形是："某十数岁时，读《孟子》言'圣人与我同类者'，喜不可言！以为圣人亦易做"。正是少年时期"圣人亦易做"的冲天豪情，给幼小的心灵指明了前进的方向和目标，才使后来的朱熹甘愿用一生的精力和心血坚定不移地追索真理。

1143 年，朱松去世。这对少年朱熹造成了巨大的心灵上的打击。朱松弥留之际将后事托付给武夷山籍的挚友刘子羽，并要朱熹拜刘子羽为义父，同时命儿子跟随义父到武夷山麓的开耀乡五夫里拜谒世居在那里的三位理学宿儒胡宪、刘勉之、刘子翚为师。他说：籍溪（五夫里）胡原仲、白水刘致中、屏山刘彦冲，此三者，吾友也，其学皆渊源，吾所敬畏。吾即死，汝往父事之，而唯其言是听，则吾死不恨矣！于是，出于生活无着落、学业将中断的两难境地，朱熹便携母前往武夷山投奔父亲生前好友刘子羽过日子去了。

一父三师

刘子羽（1096—1146），字彦修，建州崇安（今福建武夷山市）五夫里府前村人，南宋一代名将，力主抗金的骨干人物。10 岁时便已精通经史，11 岁随父亲、北宋名将刘韐过军旅生活。战乱频仍，最终使他弃文习武，"盛暑严寒，必清晨著单衫，入教坊学射矢三百。"1120 年，刘子羽参与镇压方腊起义，被任命为太府簿，擢升卫戍寺丞。靖康初，金兵长驱直入，宋守军闻风丧胆，刘子羽调守真定（今河北正定），坚守数月，击退金兵，于是以军功升朝请大夫。宋钦宗认为他忠勇可嘉，调汴河（今河南荥阳西南孛河）上游，扼制金兵南侵。金人乘真定调防之机，直攻京师。父亲刘韐死于靖康之难，刘子羽扶枢归葬家乡，誓与金兵不共戴天。1130 年，金兵南侵，张浚一时错误决策，使金兵乘机攻城略地，最后张浚不得不同意刘子羽坚壁固守，待机而动的战略，使金兵不敢来犯。当时因连年战乱，汉中饥荒，刘子羽请调汉中。到任后他"开关通商输粟，揖睦邻援，饬兵练卒，扼险待敌"，深得军民拥戴。1131 年，刘子羽联合吴玠，用游击战术对付金兵，金兵疲于奔命，死伤无数。然而，奸臣朱胜非向宋帝进谗，刘子羽也降职到白州（今南京），后又改知福建泉州。为政期间，刘子羽重视民风教化，致力兴学，把以前荒废的旧学馆修葺一新，"彻而新立，堂宇规模，略效太学，至今为闽中之观"。1141 年，刘子羽不附和议，得罪了秦桧。岳飞被害的第二年，即 1142 年，刘子羽惨遭秦桧一伙进一步陷害，被迫在 45 岁这样一个黄金年龄"告老还乡"。

据崇安五夫里《刘氏宗谱》记载，五夫里刘氏是刘邦之弟楚元王刘交的后裔，世代显赫，到刘子羽这一代时，在社会上权势还比较大，祖业也很富足，家学更有渊源。想来，这正蕴含了朱松临终托孤的运筹。果不其然，1144 年，受朱松遗命重托的刘子羽，便在自己的住宅旁，为孤儿寡母建造了一所宅居，以方便朱熹起宿读书，同时还为朱熹母子在西塔山安葬了朱松的灵柩。为了表示不忘本，朱熹将祖籍徽州紫阳山的名字借来，把义父为他母子所盖的楼命名为紫阳楼，朱熹从 15 岁起在此定居，一直到晚年迁居建阳为止，一共在紫阳楼里生活了 50 年。只可惜，1146 年，刘子羽含恨去世，让朱熹享受了三年的义父之爱戛然中断。

胡原仲、刘致中、刘子翚均为学有渊源、名重一方的道学学者，其学识和品行深为朱松所敬佩。胡原仲为胡安国从子，从胡安国习程氏学，后又学《易》于二程弟子谯定；刘致中曾经问学于师从司马光门人刘安世与程颐高足杨时，也曾学《易》于谯定；刘彦冲则为洛学私淑，在《易》学方面颇有造诣，认为"《复》卦为《易》之门户，学《易》者必须从《复》卦着手"。他们同属程门后学，学术宗旨接近，志趣相投，经常相聚讲论切磋，《宋史·刘子翚传》说他们"每见，讲学外无杂言。"

朱熹能同时师事三人，算是进入了一个充满学术气氛的成长环境。在武夷三先生的指导之下，朱熹孜孜以求，苦读不懈，为日后他建立起自己广博的学术体系，打下了坚实的基础。我们可以从《年谱》的记载中得知一二。据记载，在武夷求学时，当他读到《中庸》"人一己百，人十己千"一章，"悚然警厉自发"，决心"以铢累寸积而得之"。《年谱》卷一和《朱子语类》卷 104 同时记载了他在回忆这段潜心读书的时光时说："某自十六七时，下功夫读书，彼时四旁皆无津涯，只自恁地硬著力去做。至今日虽不足道，但当时也是吃了多少辛苦读书。"武夷三先生讲究的是"四书"的义理之学，而"五经"的知识之学的涉足并不太多，也正因为如此醇厚的学术氛围里长期熏陶着年少的朱熹，多少也决定了他后来的义理方向。只是刘彦冲、刘致中在几年内相继谢世，所以，以后的长达二十年的光阴，朱熹都是随胡原仲一个人求学。

胡原仲（1085—1162 年），名宪，南宋著名学者、理学家、教育家，世称"籍溪先生"。幼年从学于同为理学家的叔父胡安国，绍兴中，以乡贡入太学，不久即回故里，致力农耕，并奉养母亲，兼研理学，在家乡颇有义声。朝廷众大臣联合上书，奏明他在故乡的大义之举和渊博学识，朝廷便下召赐他进士出身并授建宁府教授。当时秦桧专权，他不愿与奸党同流，便以母亲年迈请祠为由返乡事亲，潜心研究理学，在武夷山与刘勉之共同探讨。朱熹回忆起三位名师的指点，自觉获益匪浅，以至后来自己总结心得时留下了一首诗：一笑谓汝庸何伤，人间荣耀岂可常。惟有道义思无疆，勉励汝节弥坚刚。

绍兴十七年（公元 1147 年），朱熹十八岁，秋举建州乡贡得中。据说当时就是以佛学禅宗的学说被录取的，主考官蔡兹还对同审官员说："吾取一后生，三策皆欲为朝廷措置大事，他日必非常人。"1148 年春，十九岁的朱熹奔赴临安应试，廷试题为《创业守文之策》，最终名登王佐榜第五甲第九十名，赐同进士出身，可谓春风得意。绍兴二十一年，即公元 1151 年春，朱熹铨试中等，授官左迪功郎，知任泉州同安县主簿。1153 年秋，朱熹到同安赴任，开始了他的仕宦生涯。

莅职勤敏

朱熹知任泉州同安县主簿兼领学事，在同安生活了近五年时间，从 1153 年农历七月到 1156 年农历七月同安任满，奉檄去旁边的郡县漳州，八月在泉州府等候批书，年底携一家老小北归，于 1157 年春初到家，三月又孤身一人重返同安归五夫里，那年冬，新接任者到来，朱熹才离开同安到泉州。朱熹强调做官要公。他说："官无大小，凡事只是一个公字，若公时做得来也精彩，便若小官，人也望风畏服；若不公，便宰相做来做去也只得个没下梢。"初次为官，他的工作主要有两方面，一是认真负责为封建国家催收赋税，二是按照儒家礼教整饬民风。

当时，同安县境土地兼并和赋税不均的现象十分严重，贫富分化状况日益加剧，朱熹到任不久，就洞悉了问题的各个表征，并着力分析这些问题的症结所在。他希望按照孟子"仁政必自经界始"的主张，从推行经界入手，在同安施行仁政，并对推行经界做了不少精心的研究与具体准备工作。

经界法是南宋清查与核实土地占有状况的措施。绍兴十二年（1142年），两浙转运副使李椿年上书直陈经界不正的"十害"，建议实行经界法。南宋皇帝一时认为他提的建议很有道理，就下诏专门委托李椿年措置经界法。于是，从平江府（今江苏苏州）设立经界所开始，逐渐推广至两浙，再试图推广到诸路。到绍兴十九年（1149年）冬，除淮东、淮西、京西、湖北四路属边境地区未通行经界法外，其余各路多数州军都已次第完成。当然，从我们现在的眼光来看，经界法也仅仅旨在保证官府赋税收入，不可能真正实现"均平赋税"，但它在当时的社会历史条件下，却对延缓贫富等级分化具有进步的意义。但是，经界法从一开始施行以来，各地官吏豪绅反对之声不绝于耳，甚至一浪高过一浪。而且，经界制度本身也不够健全，在一贯"上有政策，下有对策"的地方官僚那里，越往后走，赋税隐瞒、偷漏、转移等弊端也日益严重。绍兴经界最终施行不到百年，即告废止，当然，这是后话。

同安的局势跟全国一样。朱熹力主推行的经界法，遭到了富家巨室的激烈反对与阻挠，朱熹在同安正经界的希望也不得不面临流产，只能落空。而他也仅仅是一名县主簿而已，朱熹对此实在无可奈何。

于是，朱熹把注意力转到上书请求减免赋税上。南宋官税钱和北宋比较，又新增三种，其中之一是经总制钱——经制钱和总制钱的合称。南宋政府规定，凡买卖田宅、酒糟，以及一切民间钱物交易，交易额每千文政府要收30文，后来又增加到56文。经总制钱一部分属增税，一部分则属移用某些财政专款，成为南宋财政上重要收入。据史书记载，当时"经总制钱"全国每年计划收入2000万贯，实际可收到1000万贯到3000万贯。由于经总制钱征收项目、税率比过去更多、更高，老百姓岁无常入而却年年都要交一定数额的税，一旦不交，地方官吏又必巧立名目横敛，使百姓不堪重负，亏欠严重。清代顾炎武在他的《读〈宋史·陈遵〉》一文中甚至直接把宋朝的灭亡，归咎于这一严重偏失的土地税收制度，他说:"然则宋之所以亡,自经总制钱。"

朱熹也看到了这种赋税制度下潜藏的社会危机,上书指出:"盖臣房观今日天下大势,如人之有重病,内自心腹,外达四肢,盖无一毛一发不受病者。"他认为克服危机的关键在于"正君心"。为了使人民不致因饥饿而造反,他一方面要求朝廷减轻人民的赋税负担,另一方面在他权力所及的范围内革除了一些弊政,实行了一些有助于缓和阶级矛盾的措施。

在赋税上,朱熹具有鲜明的均税思想。他分析了赋税不断加重的趋势,屡次上书,直言无忌地批评政府推行的经总制钱不实行"量入以为出"的财政原则,而是"计费以取民",实为无名苛赋,主张逐州逐县地重新计算民田产量及财政收支项目,均节各地税额,"有余者取,不足者与,务使州县贫富不至甚相悬",使"民力之惨舒亦不至大相绝"。均税的途径,朱熹认为是"正经界"。指出"版籍不正,因税不均"最为公私莫大之害,因为"贫者无业而有税,则私家有输纳欠负追呼监系之苦;富者有业而无税,则公家有隐瞒失陷岁计不足之患",所以实行经界"其利在于官府、佃民,而豪家大姓、猾吏、奸民皆所不便"。光宗同意了先在漳州实行经界,但是最终还是同样因遭到豪强地主的反对而归于失败。这样,朱熹治世经邦的远大志向就只能通过在县主簿任上恪尽职守、勤于政事来体现了。

《朱子语类》卷一百零六记载了朱熹后来回忆在同安初登仕途时的情形说:"主簿就职内大有事,县中许多簿书皆当管。某向为同安簿,许多赋税出入之簿,逐日点对签押,以免吏人作弊。"在给友人陈明仲的书信中,朱熹也谈到:"顷在同安,……每县中送来整理者,必了于一日之中,盖不如此,则村民有宿食废业之患,而市人富家得以持久困之。"可以想见,初登仕途的朱熹办理政事时勤勤恳恳,兢兢业业,用他后来写的诗句形容就是:"海邑一年吏,勤劳不为身";"王事贤劳祇自嗤,一官今是五年期";"苟利于民,虽劳无惮"。

同安任上,朱熹有感于"学绝而道丧,至今千有余年,学校之宫有教养之名而无教养之实",决心重整学风,以优秀的教育培养人才。针对当时县学凋零衰败,士人学子庸俗浅陋的状况,朱熹花费了巨大的精力进行整顿。他亲手创办了同安县学,发布了《谕学者》《谕诸事》等一系列文告,确立了县学的教育宗旨,厘定了各种规章制度，勉励学子们摆脱科举奔竞、功名利禄的诱惑，确立希圣希贤，学道为己的志向。按孔子"志于道，据于德，依于仁，游于艺"之说，将县学分为志道、据德、依仁、游艺四斋，以讲论答问的方式，每日讲说圣贤修己治人之道。在《补试榜谕》中，朱熹奉劝邑之父兄，为其子弟求"明师良友"，使之"究义理之指归，而习为孝弟驯谨之行"，引导莘莘学子走上正心诚意之路。他还修缮了"教思堂"，访求当地德才兼备的人士，如"守道怡退，不随流俗，专以讲究经旨为务"的柯国材，"留意讲学，议论纯正"的徐应中，"天姿朴茂，操履坚悫"的王宾等等，前来从事教学。同时，鉴于县学藏书缺乏，学子无书可读，朱熹还建立"经史阁"，广搜书籍，收藏于内，供学生阅读。朱熹又取《周礼》《仪礼》《唐开元礼》《绍兴祀令》等礼书，互相参照，画成礼仪器用衣服等图，要求学生朝夕观览，以使临事时不出差错。针对当时流行的一些"乖违礼典，渎乱国章"的婚礼旧俗，朱熹从"婚姻为重，所以别男女，经夫妇，正风俗，而防祸乱之原也"的高度，申请严行婚姻之礼，禁止有违礼仪典章的行为发生，纠正了当地贫民因"贫不能聘"而行的"引伴为妻"的陋习。《泉州府志》称其"革弊兴利，缓急有序。事无大小，必亲裁决。赋税簿籍，逐日点对，以防吏弊。利于民者，虽劳不惮"；"三年之绩，有百年之思"；"五载秋满，士思其教，民思其惠"，并一起在学宫立了祠堂以怀念感恩。

在穷荒蛮远的同安的几年主簿生活，虽不能算作正式走上政治舞台，但朱熹对现实社会的种种弊端却已有了切身的体验与清醒的认识，对于时世的忧虑与不满也与日俱增。他感到，周旋于官场，拘泥于琐细的政事，与经世济民的抱负实在相差太远。自己应该潜心学问，从中寻求起衰救弊、拯救天下的良方。于是，朱熹萌生了归隐山林的念头。二十八年（1158年）冬，他以养亲乞请奉祠，差监潭州（今长沙）南岳庙。根据当时制度，"奉祠"可以受禄家居，实际上不需要去潭州的。因此，此后一段时间，朱熹深居穷山，靠朝廷薪俸养亲度日，以全副精力研读儒家经典。

孤心主战

在南宋的社会政治生活中，宋金和战问题是最重要的主题，朝野上下，从达官显贵、普通士人到村夫野老、贩夫走卒，对此无不显示出异乎寻常的关心。作为一名自幼深受父亲反对和议、力主抗金思想影响，立志报国的儒家士人，朱熹自然也热切关注着时局的发展，尽管同安任后他已暂时退隐山林研究学问。可以说，朱熹一生的活动都与宋金和战问题密切相关。

绍兴三十一年（1161年）秋，宋金关系紧张，金统治者完颜亮分兵三路南下，马踏长江北岸。临安城一片慌乱，宋高宗赵构惊恐万分，准备出海南逃，幸亏右相陈康伯等人竭力劝阻而作罢，并勉强鼓足勇气下诏亲征。不久宋军击溃金兵，并乘胜收复了邓、蔡、秦、洮等十余州失地。消息传至当时在延平求学的朱熹的耳朵，他为民族的胜利欣喜若狂，先后写下了《感事抒怀十六韵》《次子有闻捷韵》《闻二十八日之报喜而成诗七首》等十多首感时庆贺诗作。"孤臣残疾卧空林，不奈忧时一寸心。谁遣捷书来荜户，真同百蛰听雷声。""胡马无端奠四驰，汉家原有中兴期。旒裘喋血淮山寺，天命人心合自知。""杀气先归江上林，貔貅百万想同心。明朝灭尽天骄子，南北东西尽好音！"这些诗作，字里行间无不洋溢着激动与感奋之情。同时，他又给负责军事的大臣枢密院的黄祖舜写信，总结完颜亮南侵前后朝廷的种种失误，分析当前双方形势，并着重抨击了当时朝廷主和苟安的政策。对于长远的御敌恢复之计，朱熹也提出了自己的看法。他认为，此役之后，金兵必然"挟其丧君之耻，以来修怨于我"，为此，朝廷在抗战方面就应该乘胜出击，坐视中原而不进取是不明智的；在防御方面，决不能苟安一时，必须从巩固根本入手，积极准备，"因其人以守，因其粮以食，使东南之力不困，然后根本固而不摇"。只可惜，这些颇为清醒而有见地的主张，并未引起朝廷足够的重视。

绍兴三十二年（1162年）六月，孝宗赵眘继位。新帝有志恢复中原，复兴宗室，支持抗金。他一即位便贬谪主和派，起用张浚等抗金名将，追复岳飞官爵，一时抗战形势大有转机。朱熹似乎看到了希望，燃起爱国激情，以监潭州南岳庙之职向皇帝写了一份厚厚的奏疏《壬午应诏封事》，从思想、政治、军事等几个方面剖析了南宋的社会状况，全面提出了自己的政治主张，表明了其力主抗金的决心。他尖锐地指出，天下大势是"祖宗之境土未复，宗庙之仇耻未除，戎虏之奸谲不常，生民之困悴已极""天下大事至于今日，无一不弊"。"今日之计，不过乎修政事，攘夷狄而矣"，劝说孝宗以身作则，遵照儒家经典中的义理办事，"任贤使能，立纲纪，正风俗"，以期达到国官兵强，抗金雪耻的目的，并向皇帝提出三项重大措施："夫讲学所以明理而导之于前，定计所以养气而督于后，任贤所以修政而经纬乎其中。"通俗一点的说法，这三项建议就是讲求格物致知之学、罢黜和议、任用贤能。

孝宗被这奏疏震撼，当即下令朱熹入朝奏事。他赶至杭州，正值宋军失利，朝廷派人议和，朱熹仍强烈反对，在孝宗接见时连上面奏三札：第一札，"陛下毓德之初，亲御简策，不过风诵文辞，吟咏情性，又颇留意于老子、释氏之书。夫记诵词藻，非所以探渊源而出治道；虚无寂灭，非所以贯本末而立大中。帝王之学，必先格物致知，以极夫事物之变，使义理所存，纤悉毕照，则自然意诚心正，而可以应天下之务。"建议皇帝博访真儒，讲明《大学》之道，以修身为本，意在反对赵昚沉迷于佛道虚无之谈，悖离了儒家大道；第二札，指出"修攘之计所以不时定者，讲和之说误之也。今虏于我，有不共戴天之仇，则不可和也明矣。愿闭关绝约，任贤使能，立纪纲，厉风俗，等数年之后，国富兵强，视吾力之强弱，观彼衅之浅深，徐起而图之"。"非战无以复仇，非守无以制胜"，应当"合战守之计以为一"。朱熹将战和问题上升到天理的高度加以阐述，指出复仇雪耻，抗敌制胜，才是完全合乎天理的行为，如果释怨讲和，则违逆天理；第三札，"四海利病，系欺民之休戚，斯民休戚，系守令之贤否。监司者守令之纲，朝廷者监司之本也。欲斯民之得其所，本原之地亦在朝廷而已。今之监司，奸赃狼藉、肆虐以病民者，莫非宰执、台谏之亲旧宾客。其已失势者，既按见其交私之状而斥去之；尚在势者，岂无其人，顾陛下无自而知之耳。"尖锐批评当时"谏诤之涂（途）尚壅（堵塞），幸（以谄媚而得宠幸）之势方张，爵赏易致而威罚不行，民力已殚（尽）而国用末节"，应当立即"修德业、正朝廷、立纪纲"。朱熹的奏札，言辞激烈，直言无忌，现实针对性很强，说到激动处，他竟无法掩饰自己对朝廷的不满来，这让皇帝不高兴了，他之所以召见朱熹，听取面奏，也不过是要在天下人面前装装样子而已，根本不可能去认真对待。尽管内心大有憎恶，孝宗到底还是有感于朱熹的忠心的，所以封了朱熹一个开学博士侍次的虚职，只是当一个"以兵书、弓马、武艺诱诲学者"，并且按规定还需等到四年后才能就职。这玩意当然非朱熹所长，真是讽刺至极。这似乎是中国历代知识分子共同的悲剧，朱熹学问再大，名声再响，也走不出这个周期律。在杭州的时候，朱熹乘机面见张浚，提出了北伐中原的具体想法。

隆兴元年（1163年），孝宗支持张浚出师北伐，并罢免了主张议和的右相史浩。宋军渡淮北伐后，最初捷报频传，收复了一些州县。这时候，朱熹又得到孝宗召见的机会，于是，他重申上次提过的奏折中的意见说："大学之道，在于格物以致其知。陛下未尝随事以观理，即理以应事，平治之效，所以未著"。这些建议的基本内容是要求用"明明德、亲民、止于至善"这"三纲领"和"格物、致知、诚意、正心、修身、齐家、治国、平天下"这"八条目"为指导，先从皇帝本身做起，再施行于臣民。这些意见虽受到孝宗的赞许，但因阻力太大，未能得以施行。

隆兴北伐实际上只是一场虚有声势、注定失败的用兵。这主要有两个原因，一方面，孝宗主战态度并不坚决，对于北伐也没有认真准备，草率用兵；另一方面，主帅张浚在被重新起用之后，成为主战派众望之所归，因而求战心切，没有分析用兵的客观条件，加上宋军将领内部不和，不协同作战，致使宋军在符离大败。孝宗即位以来的第一次北伐以失败告终后，励志恢复中原和宋朝宗室的抗金热情陡然下落，决心发生动摇，在战和问题上举棋不定。朝廷上下也笼罩了悲观失败的情绪，主和论调甚嚣尘上。不久，孝宗重新起用主和派汤思退为右相，甚至派人往金廷议和，张浚被罢相后在出任外地的途中病死，正可谓祸不单行。朱熹获悉张浚病逝，专程赶至豫章（今南昌）哭灵，痛惜抗金受挫。在回福建崇安前，朱熹在给友人陈俊卿的信中写道："夫沮（阻）国家恢复之大计者，讲和之说也；坏边陲备御之常规者，讲和之说也；内（拂）吾民忠义之心，而外绝故国来诉之望者，讲和之说也；苟逭目前宵旰之忧，而养成异日晏安之毒者，亦讲和之说也……"尖锐地抨击了那些议和投降派。

12月，宋对金以侄儿向叔之礼寻求合议，史称"隆兴和议"，是继"绍兴和议"之后的又一个丧权辱国的条约。朱熹归家后，看到朝廷上下不思恢复，乞和苟安，士人心寒齿冷，天下国家积弊，也日甚一日，更不能不令他忧思如焚。而他自己，仅仅是一介书生，只能空发"时事竟为和戎所误！"的感慨而已，毫无施展报国才华之地。作为文人，他只能用诗表达自己的悲愤与无奈，《感事再用回向壁间旧韵二首》其一写道：

> 廊庙忧虞里，风尘惨淡边。
> 早知烦汗马，悔不是留田。
> 迷国嗟谁子？和戎误往年！
> 腐儒空感慨，无策静狼烟。

乾道元年（1165年）二月，朱熹提前入都就任武学博士之职。本来，让朱熹教学生习兵马武艺，实在很勉为他难。只是，朱熹深深感到，君王之心为天下根本，君心不正，根本不立，其他一切就无从谈起。自己能当朝辅佐，就一定要去除朝中投降乞和、苟且偷安、如"狐鼠之妖"的无耻小人。因此，朱熹入朝后，很快就与钱端礼、洪适等主和派宰辅重臣发生了激烈冲突，朱熹眼观四面，孤掌难鸣，深感个人绵薄之力的无济于事。出于无奈，朱熹请辞离朝，回到崇安，继续他的隐居著述生涯，这一次，竟长达十四年。

社仓救荒

乾道三年（1167年）七月，崇安山洪暴发，大水挟带沙石，冲毁房屋，淹没田垄，百姓死伤不少。朝廷派他前往视察灾情，他在十天时间里遍访于崇安各山谷之间，目睹了灾情的严重程度以及灾民们在遭受祸变之后的种种悲惨之状，在《杉木长涧四首》中，他描写道"阡陌纵横不可寻，死伤狼藉正悲吟""老农向我更挥涕，陂坏渠绝田苗枯"。更使朱熹内心感到震撼的是，朝廷派遣的赈灾使者，对饥民没有半点同情怜悯之心，"肉食者漠然无意于民，直难与图事"，这也使他进一步坚定了研究自己学说并将体系发扬光大的决心："若此学不明，天下事决无可为之理"，只有儒家学术扬于天下，才能从根本入手解除社会危机。

由于灾情严重，粮食无收，地方官不认真救济，到1168年青黄不接之时，闽北建阳、崇安、浦城一带就发生了饥民暴动。朱熹当时正在五夫屏山居里祠禄养亲。崇安知县诸葛廷瑞早知晓朱熹的贤能，就诚邀朱熹会同同乡一位有名望的老者刘如愚，共商乡里救灾赈粜的善举。朱熹一面"劝豪民发藏粟"，以平价赈济灾民，另一面上书建宁知府徐嘉，请求发放作为官仓的常平粮仓的存粮，"粟六百斛"，以应救灾急需，这才平息了饥民的暴动。由此，朱熹便想出了建立"社仓"的办法。

第二年九月，朱熹的母亲祝孺人仙逝。在家守制的二三年内，朱熹又先后上书给继任建宁知府的王淮、沈度，请求支持在五夫建仓。他在写给王淮的信中说："天有不测之风云，今灾解，不可不料后复有前之事。粟偿之后，山民无益存之积，青黄不接之时，又要加倍息借贷于豪富。况官粟存仓，为法甚密，远水解不得近火，请予五夫建仓留赈，每年一赈一偿，又能易新以藏，实为一举二得之举。"给沈度的信中又写道："请仿古法为社仓以储之，不过出捐一岁之息，宜可办"。朱熹的惠政之举得到官府的支持。朱熹在《建宁府崇安县五夫社仓记》中追述道："沈公从之，且命以钱六万助其役。于是得籍坂黄氏废地而鸠工度材焉。经始于七年（指乾道七年）五月，而成于八月。为仓三亭一，门墙宇舍无一不备。"

社仓竣工之后，朱熹又举荐里中较有德望之人刘复、刘德舆、刘琦、刘玶四人共同管理，制订了《仓规》，并取得了前丞相、现知福州府陈俊卿的支持。朱熹追述道："方且相与讲求仓之利病，且为条约，会丞相清源公出镇兹土，入境问俗。予与诸君因得具以所为条约者，迎白于公。公以为便，则为出教，俾归揭之楣间，以视来者。"乾道七年（1171年）八月社仓建成后，仓廪贮存盈满。从此，春夏青黄不接之时赈放，冬秋偿清存放，变官仓（常平仓）赈粜为民仓（社仓）赈济，大利于民。朱熹在写了《建宁府崇安县五夫社仓记》之后还勒碑以志之。据《康熙崇安县志》还记载，竣工之日，朱熹还在仓壁上题了一首警诗，借以劝诫管理人员：

度质无私本是公，

寸心贪得意何穷。

若教老子庄周见，

剖斗除衡付一空。

五夫社仓建成受益后，建宁府争相仿效，相继建仓的有建阳长滩、大阐社仓。光泽、建宁、顺昌等地也先后建仓储粮。明嘉靖《建宁府志》载："社仓，前贤创之，后人因之，皆惠政也。"五夫社仓建成十年之后，即淳熙八年（1181年）十二月，朱熹在提举浙东常平茶盐公事任期内，因逢荒年，饥民遍野，饿殍遍地，遂奏事延和殿，向孝宗献策救灾。他列举在崇安五夫创办社仓之利，痛陈官仓之弊。孝宗褒奖他敢于直言，立即派他回浙东赶办救荒大事。朱熹不负上望，当年尽缓灾情，使饥民无断炊之忧。1182年，朱熹上陈社仓之法，建议朝廷广为推行，作为解决农民在青黄不接之时的口粮问题的机构。他规定了"社仓"的任务，是在青黄不接之时贷谷给农民，一般取息20%，这就可以不向豪民高利贷粮，若发生小饥，息利可以减半，若发生大饥，则可免除利息。当然，设立社仓的最大好处可以防止农民暴动。南宋朝廷也正是看到了这一点，于是将朱熹呈请施行的《社仓法》"颁诏行于诸府各州"。可惜，此法对官僚地主和高利贷者不利，因而未能在全国范围内广为推行，只有极少地方，如福建建阳和浙江金华等地实行了这个措施。尽管如此，朱熹于1171年在五夫建立的第一个粮仓"五夫社仓"，因开救荒之先河，被誉为"先儒经济盛迹"，是中国自隋唐以后第一所州县级以下的官办粮仓，一直保存至今。

朱熹的社仓制与王安石变法中推行的青苗法一样，同为宋代荒政时平抑高利贷剥削，以利防灾救荒的改革措施。但梁启超的《王安石传》认为：青苗法之创设，"有类于官办之劝业银行"，有现代国家管理的金融经济因素在里面，在那个时代是不切实际的，也只能是"纸上的制度"。朱熹对于青苗法也有异常清晰的看法。在《婺州金华县社仓记》中，他说："以予观于前贤之论，而以今日之事验之，则青苗其立法之本意固未为不善也。但其给之也，以金而不以谷，其处之也，以县而不以乡，其职之也，以官吏而不以乡人士君子；其行之也，以聚敛丞疾之意而不以惨怛忠利之心。是以王氏能行于一邑而不能以行于天下。"因此，他在创立社仓制的时候，采用全新的视角，凸显了几大特色。社仓法是自下而上的改革措施，由社民自行管理。社民选举出品行端正的人为社首和社副，作为责任人，接受每一个社民的监督，政府和官吏不得插手社仓事宜，免除了"吏缘为奸"的弊病。社仓粮源来自于政府鼓励下的富户义捐和丰年社民的自行自愿积累，也避免了青苗法的国家强制金融行为下的贪污腐败之类的弊端。朱熹以他高超的行政能力，为社仓法作了细致琐碎的条款规定，这和王安石的宏观的泛制度化的青苗法也不同。比如，朱熹对于借贷的条件，支贷的对象，以及支贷的时间都有严格的规定，其条制清楚，责任分明，可行性很强。社仓法对后世产生了积极的影响，明清两朝都有较大规模的民众自发地仿朱熹社仓法而设立社仓的行为，在一定程度上很好的维护了最弱势的农民的利益。

南康恤民

朱熹早年孤寒，"提携教育，实赖母慈"，一生奉母至孝。母亲去世，他十分悲痛。第二年正月，朱熹将母亲葬于建阳崇泰里后山寒泉坞，并在墓侧空旷之地建寒泉精舍守丧，丧终后也常居于此。七月，他又把父亲朱松的墓从五夫里西塔山迁葬到寂历山。之后他就在寒泉精舍潜心研究著述，一心不问世事。

乾道九年（1173年），朝廷任命他担任左宣教郎一职，主管台州崇道观，当时他就辞掉了，第二年六月，终于拗不过朝廷之命，开始担任左宣教郎这一虚职。淳熙三年（1176年）六月，朝廷下令让他入朝担任秘书省秘书郎，但此时的朱熹对于朝政颇为失望，甚至有恻然寒心之感，因而不愿入朝任职，继续幽居山林，讲学著述。可惜，朝廷不允许他推掉官职，继续下令，朱熹只得第二次请辞。朝廷迫于朱熹的学识和名望，一时没办法，仍旧让他主管武冲观。这一年十一月十三日，朱熹的妻子，也是他当年武夷三恩师之一的刘白水的女儿，去世了。淳熙四年（1177 年）二月，朱熹把妻子安葬在建阳县唐后林谷。

作为一名胸怀治国经邦之志的儒家士人，朱熹虽然隐居深山，远离仕途，以主要精力进行其思想学术体系的艰苦建构，但他并没有真正超然世外。这不仅因为他的讲学著述中渗透着对现实问题的理论思考，而且儒家传统的积极入世、以天下为己任的价值取向也使他不能忘怀于山外的现实社会。天下生民的疾苦，朝廷地方的政事，仍然牵动着他的心。那一时段的朱熹，也时常发出这样的感慨："著书俟来哲，补过希前修"；"经济夙所尚，隐沦非素期"；"终然匹夫志，肯遽甘没没"。随着时光流逝，他当初幽栖山林、与世隔绝的想法已越来越模糊。相反，直接参与现实事物，将他所建构的理论直接运用于解除社会的危机，使世人见儒者之效的意识，却日益滋长。当时，无论是朝中宰辅还是普通的士大夫，尽管目的各不相同，都希望朱熹出山赴官，一些士人还对朱熹寄予厚望，把他视为起衰振弊、拯救天下苍生的救星，发出了"晦庵今年登五十，晦庵不急苍生急"的感慨。

朱熹在学术上的成就和在朝廷中的名望，也使皇帝感到为难，若不任用，会招弃贤之嫌；如加任用，又恐其"干扰"朝政。经过一番研究，朝廷决定差遣他远知偏僻之地南康军。淳熙五年（1178 年）秋，尚书省札下让朱熹知南康军，治所在今江西星子县。朱熹的激情又被调动起来，于是在 1179 年春天，结束了隐居著述生涯，重返地方政坛。

上任伊始，庐山南麓正遇秋旱，禾苗干枯，土地干裂，庄稼歉收，农户生活困难。在经过调查研究之后，朱知军便颁发了第一个施政纲领——《劝谕救荒文》：一方面劝导富裕之家，要同情、救济他的佃户长工，"务令民食"，应将粮以公平的价格和足够的斤两卖给农民，不要出现"流移饥饿之患"；另一方面，要求本治所的农民，"各依本份、凡事循理"，不要离乡流亡。若有不轨者，"定当追捉"。

紧接着，他便"考按图经，询究民间疾苦"，想让境内的百姓安居乐业，贴出《知南康榜文》：第一，宽民力。针对南康土瘠民贫，役烦税重，致使南康"民力日困，无复安土乐生之心"的社会问题，准备采取措施，去除苛政，望士人、父老、僧道、民人有能知道利弊根源者，悉具上陈自己的想法。第二，敦风俗。请士民乡邻父老，每年集会教诫子弟，使"修其孝悌忠信之行，入以事其父兄、出以事其长上，敦厚亲族，和睦乡邻，有无相通、患难相恤"，以成风俗之美。第三，砥士风。提倡忠义气节，振厉士风，兴办学校，培养人才，乡党父老，推选子弟，入学读经。围绕这一施政纲领，朱熹在南康任上，进行了改革社会的艰苦努力。

这一年，朱熹一而再、再而三地上书朝廷要求减免星子赋税。在疏状中，朱熹指出，南康所属诸县，田野荒芜，人烟稀少，星子县则荒凉尤甚。但税额却屡屡增加，数目巨大，致使人们不堪重负，转徙流亡。因此，请求朝廷减免星子县税收。然而，朝廷所考虑的并不是如何宽恤民力，而是如何增加朝廷的财税收入，因此，朱熹遭到朝廷诏斥，最后只好不了了之。与此同时，朱熹将他的"榜文"城乡张贴，路人皆知，并派司户参军与"逐县知县亲诣旱伤田段地头，对账检视"。秋后又下发了《劝农文》，劝农民"趁此天时多种荞麦及大小麦"度过灾荒，又极力推行王文林所作《耕田法》与《种桑法》。

淳熙七年（1180年）三月，孝宗赵眘故作姿态，令各地监司郡守条县民间利病上闻，于是朱熹上奏了《庚子应诏封事》，提出"恤民""省赋""治军"的主张，并以此一直推本到正君心。他说"天下国家之大务莫大于恤民；而恤民之实在省赋；省赋之实在治军；若夫治军省赋以为恤民之本，则又在大人君正其心术以立纲纪而已矣。"他甚至直言批评孝宗"不信先王之大道，而悦于功利之卑说"，要求孝宗从正心诚意入手治理天下，并针对当时社会的种种弊病，提出了具体的整治方案。当然，孝宗不可能接受这一套说教，他甚至对朱熹的尖锐批评颇感恼怒，在大臣的劝说下，才没有罢免朱熹的职位。

朱熹对皇帝的怨愤全然蒙在鼓里，仍一如既往地贯彻"恤民""省赋"主张。是年四月，朱熹又申请减免属县科纽秋苗夏税木炭月桩经总制钱二千缗。五月，南康军发生了特大灾荒。朱熹一面上奏札于延和殿，欲蠲免南康赋税，一面通过各种途径筹集米粮，用于赈济饥民。九月，他恳请上级拨款治理水患，并用行政手段，调动军治内的都昌、永修、安义、星子四县民众数千人，修筑长江石堤。当时，他的出发点一是为解决石堤失修问题，二是可以雇用饥民，解决他们缺食问题，因此，得到广大饥民的拥护。修筑紫阳堤期间，"允晦间亦躬行其上，劳苦勤恤者甚众"，赢得斐然的政声。冬天，朱熹又以旱情告于朝廷，请求免去本军合租苗米四万七千余石，检放三万八千余石。淳熙八年（1181年）正月，朱熹在各县设场共三十五处赈籴，直到闰三月十五日才收场，使南康饥民顺利度过灾荒。

此外，朱熹的其他许多减税免役、打击豪强奸宄的努力因遭到重重阻挠和反对而最终归于失败。在无能的朝廷和混乱的社会现实面前，朱熹深为失望，匡世济民的热情与抱负，也遭到了无情的打击。他感到，作为一介儒生，是如此的无奈。在给友人吕伯恭的信札中，他吐露了自己的心思："平生读书，要作如何利益底事，今到此，此等事便做不得。中夜以思，实不惶安处。"正因为如此，在知南康军任上，朱熹多次上奏章请祠罢归。

当然，朱熹在南康任上真正取得成效的是在敦励风俗、砥砺士风这两方面。他采取了许多措施来倡导儒家道德，化民成俗。在下发的《劝谕榜》中，朱熹要求保伍对"孝子顺孙、义夫节妇事迹显著，即仰具申，当依条格旌赏"，并"访寻陶威公侃、谢文靖公安、陶靖节先生潜、前朝孝子司马嵩、司马延义、熊仁赡、义门洪氏等遗迹，……乃立周先生祠，以二程先生配。其陶靖节、刘西涧父子、李公择、陈了翁则别为堂祀之，榜曰'五贤堂'"。同时注解印发《孝经》《礼》，让家家户户诵读；整顿南康军学，亲自讲授《大学章句》《论语集注》等，其中，最大的业绩是修复白鹿洞书院。

浙东救荒

淳熙八年（1181年）闰三月，朱熹南康任满，解绶东归，差提举江南西路常平茶盐，但还得与其他人一起依次按资历补缺。七月，朝廷以朱熹赈荒有功，除宣教郎直秘阁。是年，邻近京城的浙东七州四十余县，天久不雨，水源枯竭，农田龟裂，大旱造成了严重饥荒，致使当地民众"卖田拆屋，所伐桑柘，鬻妻子，贷耕牛，无所不至，不较价之甚贱，而以得售为幸。典质则库户无钱，举贷则上户无力；艺业者技无所用，营运者货无所售。鱼虾螺蚌久已竭泽，野菜草根取掘又尽。百万生齿，饥困支离，朝不谋取夕。其尤甚者，衣不盖形，面无人色，扶老携幼，号呼宛转，所在成群，见之使人酸辛，怵惕不忍"。甚至连"士子""宦族"与"第三等人户"也"自陈愿预乞丐之列者。"鉴于朱熹之前在南康的治荒政绩，宰相王淮虽然厌恶理学，仍觉得他是处理大灾的理想人选，就奏请朝廷，转提举浙东常平茶盐公事，去抚治浙东灾荒。

朱熹在向皇帝递交辞呈请求免去新职得不到允许的情况下，只好等到十一月入奏延和殿，"上条陈七""首陈灾异之由，与修德任人之说"，对孝宗临朝二十年间灾害频仍，"水旱盗贼略无宁岁"的原因及解决办法，提出了中肯的批评和建议，并痛陈当时"纲纪日坏，邪佞充塞，货赂公行，兵怨民愁，盗贼间作，灾异数见，饥馑荐臻"之弊，提出浙东赈荒救灾的设想。事毕，遂"即日单车就道"昼夜兼程奔赴浙东救灾。

到浙东后，朱熹以道学醇儒的诚真态度决意竭尽心力地赈荒救灾，务使民被实惠，"深入民间，整肃吏治，凡有病民之政，悉加革除。"他"极力讲求荒政"，迅即采取了几项有力措施：一是"移书他郡，募米商、蠲其征，及其至，客舟米已辐辏"，通过采用这种减免税收的办法，招引各地粮商来灾区做粮食生意。二是常常不带随从人员，单车微服，四处察灾情，访民隐，"视事各郡，对有不伏赈粜、不恤荒者者，皆按劾之"，严肃查处各地有行贿受贿、徇私枉法行为的官吏，"所至人不及知，郡县官吏惮其风采"。

经过察访，朱熹看到浙东各县都有不同程度的严重灾荒，一些县几乎颗粒无收，而朝廷赈济则往往只是杯水车薪，无济于事。他目睹了"饥饿之民，羸困瘦瘠，宛转道路，呼号之声，不可忍闻，其不免于死者已不可胜计"的凄惨现象，而各地州县官吏在这种情况下仍然催赋逼税，弄得饥民纷纷逃亡，辗转流离。于是，朱熹不断向孝宗上奏，要求朝廷蠲免税租、禁止地方官吏苛扰，悬赏激劝各地富户出米助赈。对于一些劣迹昭著的贪官污吏，朱熹在赈荒过程中进行了弹劾与惩处。

他先后奏劾了绍兴兵马都监贾佑之不抄札如实上报饥民，使二十万饥民大多得不到救济粮，造成道有饿殍，弃儿哭声震野的悲惨景象；奏劾了在押运赈灾米粮的过程中，偷盗官米4160石，而后以"拌和糠泥"来补缺额的绍兴府差指使密克勤，认为"情理重害，不可容恕"，应该"疾速根勘监追所盗米斛，送纳入宫，庶副赈济"。还对"衢州守臣李峄不留意荒政，监户部赡军酒库张大声、龙游县丞孙孜检放旱伤不实，县尉朱相不伏赈粜……"——查实惩戒，"皆按劾其罪，由是所部肃然"。与此同时，朱熹又雷厉风行地下令惩办了一些贪官污吏和暴虐乡民的恶棍土豪。此外，他还上疏要求孝宗"尽出内库之钱，以供大礼之费为收籴之本"，诏谕户部减免欠税，撤去那些不负责任的官吏，"遴选贤能，责以荒政"，以期达到"下结民心，消其乘时作乱之意"的目的。尤其值得一提的是，当朱熹发现当朝宰相王淮的亲戚、吏部尚书郑丙和侍御史张大经的密友台州太守唐仲友"违法扰民，贪污淫虐，蓄养亡命，偷盗钱粮，伪造官会"等诸种罪行之时，能够不顾自身安危，连续六次上疏弹劾，终于逼迫王淮撤去了唐仲友的官职，成为朱熹浙东赈灾之行中震动一时的重大事件。

唐仲友（1136—1188年），字与政，号说斋，人称说斋先生，金华人，绍兴年间进士，曾知台州，著有《六经解》《帝王经世图谱》《说斋文集》等。淳熙九年（1182年）七月二十三日，朱熹巡行到台州，见灾情甚重，饿殍遍野，民不聊生，饥民纷纷外流。经过查访，朱熹了解到，这是由于原台州知府、时已宣布升迁江西提刑的唐仲友，因在荒年违法促限催税而造成的。于是，朱熹对唐仲友的所作所为进行了全面调查，民怨沸腾的百姓纷纷前来告状，所列举的罪状有八条：违法收税，骚扰百姓；贪污官钱，偷盗公物；贪赃枉法，敲诈勒索；培养爪牙，为非作歹；纵容亲属，败坏政事；仗势经商，欺行霸市；蓄养亡命，伪造纸币；嫖宿娼妓，通同受贿。为此，朱熹于七月十九日至九月上旬，先后六次给孝宗皇帝上奏状，要求严惩这样的贪官污吏，这些奏章都收录于《晦庵先生朱文公文集》卷第十八、十九中。

七月十九日和二十三日，朱熹先后两次向朝廷递交了同一份弹劾唐仲友的报告。七月二十七日案情有了进一步发展，朱熹立马递交了第三份报告，从残民、贪污、结党、淫恶等四个方面列出了唐仲友的24条罪状，对唐仲友的违法乱纪行为进行全面揭露。但因为当朝宰相王淮既是唐仲友的婺州同乡，又是他的姻亲，所以王淮等一批权贵竭力包庇唐仲友，"匿不以闻"。知道对方没辙的唐仲友，更不把朱熹放在眼里，见他特意坐镇台州与自己作对，也开始了反击。八月一日，唐仲友指使一批人闯进司理院，殴打朱熹的手下。朱熹怒不可遏，当即向朝廷写了弹劾唐仲友的第四份报告，强烈要求朝廷对唐仲友进行严厉查处。唐仲友不服朱熹所劾，也上章自辩。在王淮的运作下，吏部尚书郑丙、右正言蒋继周、给事中王信等朝臣则纷纷上章举荐唐仲友，称其为有清望的儒臣，因此唐仲友不但没有被追究责任，反而被提拔到江西任提刑。

这时，朱熹已到缙云县巡视灾情，他在那里又写了第五份报告，指出唐仲友之所以无视法纪、贪赃枉法、荼毒百姓，完全是仗着弟媳王氏。他发誓，如果朝廷不处置唐仲友，他就辞职。王淮怕事情闹大会牵连到自己，于是向孝宗奏请免去唐仲友的江西提刑职务，移交浙西提刑查办。最后，唐仲友按提前退休论处，告"老"还乡。朝廷对唐的纵容让朱熹十分气愤，于是又递交了第六状，要求朝廷依法追究唐仲友的刑事责任，以平百姓之愤。为缓解朱熹、唐仲友之间的矛盾，王淮请吏部尚书郑丙出面提名朱熹到江西任提刑。朱熹接到任职通知后，知道这是一个陷阱，如果上任，就是授人以柄，让人以为自己六次弹劾唐仲友为的是谋其位窃其权。于是，朱熹毅然向朝廷递交了《辞免江西提刑奏状》，带着家眷回武夷山去了。

在弹劾唐仲友的过程中，朱熹一身正气，不畏权势敢碰硬，表现了其崇高的操守和气节，赢得了陈亮、陆九渊等许多正直士人的好评与钦慕，陈亮甚至发出了"壁立千仞"的赞叹。后来，朱熹因弹劾唐仲友遭到王淮一伙诬陷，同样也有正直人士称颂，当时太学中就有人写诗道：

> 周公大圣犹遭谤，
> 元晦真贤亦被讥。
> 堪叹古今两陈贾，
> 如何专把圣贤非。

然而，朱熹标榜义理，以君子之居、刚正不阿痛斥小人的正气，得罪了不少官吏，也使皇帝感到厌烦。宋孝宗淳熙十五年（1188年），王淮罢相，另一宰相周必大于是奏章举荐朱熹为江西提刑官，朱熹入朝奏事，有人对朱熹说，别再跟皇上说"正心诚意"之论，皇上现在已经厌烦听了，切记切记不要多说。朱熹对那人说道："吾平生所学，惟此四字，岂可隐默以欺吾君乎?" 等面见皇上时，皇上却先说了："久不见卿，卿已老了，浙东之事，朕自知之，今当处卿清要，不复以州县为烦也。" 就这样轻轻一句，就狠狠地把朱熹"正心诚意"之论和"理学报国"之心一起浇熄了。这也为朱熹和他苦心孤诣、精心架构的理学体系，在不久的将来遭受种种祸乱，埋下了伏笔。

漳州教化

淳熙十年（1183 年）二月，几经辞而不就朝廷任命的各种各样的官衔之后，朱熹终于奉祠得请，回到武夷山，差主管台州崇道观。之后的几年，朱熹一直过着清贫的生活，全心投入学术研究和著述工作，直到淳熙十五年。1188 年，朝廷先让他当兵部郎官，朱熹以足疾请辞。接着，又下诏依旧让他任之前曾封了官却辞而不就的江西提刑，他仍旧以足疾为理由推却，请求奉祠。面对着朝廷一而再、再而三的任命，朱熹在 59 岁的高龄，再次燃烧起积极入世、忧国忧民的赤子情怀，于这年十一月，上禀了长达万年的封事，即著名的《戊申封事》。朱熹直言指出当时南宋天下"如人有重病，内自心腹，外达四肢，无一毛一发不受病者"，提出"急务则辅翼太子、选任大臣、振举纲纪、变化风俗、爱养民力、修明军政六者"，而"大本者，陛下之心"，只要孝宗留意正心诚意之学，关心朝政，使大本诚正，急务诚修，则必定治效日进，国势日强，中原可复，仇虏必灭。迟暮之年的孝宗虽然仍未能接受其主张，却也没有再次表示厌烦之情。所以，当朱熹因进言殷切，触及当政权臣的利益，而受到他们弹劾为"假道学"时，孝宗也还是在第二天让朱熹主管西太一宫，兼崇政殿说书，但朱熹坚辞不就，因为那毕竟是个虚职。

淳熙十六年（1189 年）二月，孝宗赵昚内禅，传位于光宗赵惇。其时，南宋王朝衰颓腐败日甚，各种矛盾更为激化。朝廷为拉拢人心，于五月从朱熹所请，仍旧除直宝文阁，降诏奖谕，于闰五月更化覃恩转朝散郎，赐绯鱼。八月，除江东转运副使，朱熹辞而不就。十一月，改知漳州，朱熹再辞，但朝廷不准，不得不拜命，于绍熙元年（1190 年）四月，正式上任，在那里任职一年。

漳州向来以民风淳厚著称，但后来由于教化不利，地方官吏行奸作恶，富豪巨室横行不法，以及经界不得推行而造成的种种弊端，使古朴的民风荡然不存了。朱熹一到任上，通过四处明察暗访，体察民情，决心先从更化习俗、惩治官吏腐败方面着手，来改变漳州的风俗。

首先，朱熹发布了《漳州晓谕词讼榜》，劝民息讼停争。对于官司狱讼，他一下子就判下民间讼争案件243道词状。为了防止懒官贪吏从中作奸，他特制了几个大橱放在厅堂，讼状到来，分类入橱，然后召集同官各分案件定夺。在大厅两边，设办案幕位，先各自拟判，到用餐时也只在郡厨用餐，食毕又进行各人的拟判，然后汇总，选取合理的判决。

接着，颁礼教条令，禁落后风俗，"复先王礼义之教"。为了敦励风俗，朱熹采取了许多移风易俗的措施。当地崇信释氏，礼佛诵经之风很浓，有的寺院以传经拜佛为名，聚集男女，混然杂居；有的女子，不想出嫁，就居住在庵舍之中。朱熹对此类陋俗恶习一概严加禁止。一年之后，"平时习浮屠为传经礼塔朝岳之会者，在在皆为之屏息。平时附鬼为妖，迎游于街衢而掠抄于闾巷者，亦皆相视敛戢，不敢辄举。良家子女从空门者，各闭精庐，或复人道之常。四境狗偷之民，亦望风奔遁，改复生业"。与此同时，朱熹又首刊四经——《书》《易本义》《诗集传》《春秋》和四子书——《论语集注》《孟子集注》《大学章句》《中庸章句》，竭力倡扬理学思想。漳州风俗，由此大变。

继之，朱熹把精力放在整顿吏治上。漳州一州四县的官员，不少是慵懒无能之辈，财赋狱讼全出于几个胥吏之手，使胥吏得以行奸残民，贪污贿赂成风。朱熹先是发布了《州县官牒》，下令各县的县丞、簿、尉必须赴长官厅，逐日聚厅议事。为防止猾吏不法行奸，朋比营私，他采取了对移法，对分掌财赋肥缺、多年恣意侵吞财赋的猾吏，强行对换；对坐地勒索民财的州吏，给予撤换。漳浦县从事郎黄岌，有傲慢废职行为，不恤军民，他上表弹劾。龙岩县地僻山乡，无鱼盐之利，其民生理贫薄，作业辛苦，而历代官吏不究心体察和躬行教化，只知道多派人下乡骚扰，直至激发民变。朱熹立即书写了《龙岩县劝谕榜》，下令龙岩知县约束官吏，务宣教化，严守条法，不得像以前那样骚扰百姓。

紧接着，朱熹还根据朝廷令福建路监司"相度经界，条具闻奏"的公文，进行了盼望已久的、曾在同安主簿任内力主推行而不得的"正经界"之事。他花费一个多月的时间，为正经界作深入询访，基本摸清了本州诸县税籍不正、田税亏欠、赋役不均的严重情况，于是，向安抚转运提刑提举使司上状详陈六条，全面提出了自己对正经界的看法。漳州的豪民猾吏，听到朱熹要推行经界法，霎时怨言四起。家在漳州龙溪的旁郡泉州太守颜师鲁，认为正经界会侵犯颜氏望族豪右富家的利益，也反对正经界。因此，朱熹又再催上一道《经界申诸司状》，痛陈拖延经界之害，详陈自己对经界的看法与推行经界的详细方案。他指出，"版籍不正，田税不均，虽若小事，然其实最为公私莫大之害"。其原因在于，贫者往往"无业而有税"，以致欠交输纳，遭受追呼监系之苦，富者则往往"有业而无税"，使国家坐失常赋而造成岁计不足。为了避免这种"田税不均"的弊病，朱熹主张"正版籍"，核实田亩，均田税，"随亩均产"。

在朱熹的一再催奏下，朝廷终于下了省札，让漳州先相度施行经界。朱熹一接到省札，就上了《条奏经界状》，就施行经界选择官吏、打量之法、图账之法、均产之法、计产之法与废寺田产等方面，提出了自己独到的设想和意见。同时，朱熹不顾只漳州一地施行经界必然会陷于孤立，稍有失误便会遭受谤毁，乃至身败名裂的危险，毅然在《条奏经界状》呈上后，发布了一道《晓示经界差甲头榜》，他在朝廷只同意"相度"而并未正式允许施行经界的情况下，就自将经界之事公布于众。正当朱熹调兵遣将积极筹划，以便一鼓作气完成经界事宜时，"贫民下户虽所深喜，而豪民蠹吏皆所不乐"，朝廷上下反对经界的士大夫与漳州豪右全部联合起来与朱熹抗拒，连参知政事王蔺也支持颜师鲁反对在漳州推行经界。最后，使得这一有利于政府和细民的改革措施，终因"豪家右族，倚势并兼者"的反对和阻挠破坏，未能实行。朱熹愤怒不已，辞职离去，以示抗议。在绍熙二年（1191年）十二月任湖南安抚使时，朱熹还就前一年的经界本行而上状自劾，可见敌对势力对朱熹的攻击遗毒之深。

在推行经界的同时，朱熹还积极奏请朝廷蠲减赋税，"奏除属县无名之赋七百万，减轻总制钱四百万"，为减轻当地百姓赋税负担、改善生活状况，做出了积极贡献，赢得了广为传颂的声誉。宋绍熙五年（1194），朱熹任湖南安抚使时曾再到漳州，百姓扶老携幼，争相观看，道路为之阻塞。

晚年遭际

绍熙二年（1191年）三月，朱熹漳州任满，重新被任命为秘阁修撰，主管南京鸿庆宫。四月，他解职弃官，回到建阳，继续他山林讲学的生活。当年七月，朝廷任命再次下达，朱熹再次力辞，不被允许。九月，被任命荆湖南路转运副使，朱熹继续请辞，并以漳州经界推行失败为由自行弹劾。

到了绍熙四年（1193年）冬，南宋朝廷形成了以留正为左相，赵汝愚知枢密院事，东西两府呼应的态势，道学朝党控制了朝政，形成了后来庆元党禁所打击的"伪党"。这时候，请德高望重的朱熹入朝成为道学家们的共同呼声。然而圆滑的留正担心这个刚直老儒在赵惇身边的说教，会搅坏他的宰相好梦，最后把朱熹外放任湖南安抚使兼潭州（今长沙）知州。当时湖南境内正发生瑶民起义，大批瑶民从辰州攻入湖南邵州、武冈一带，一时朝廷震动。垂暮的老儒对时事的转机重新燃起了用世的热情，绍熙五年（1194年）正月，朱熹决定抱老赴任，为君王再效犬马之劳。

五月五日，朱熹到潭州接受郡事，这是他最后一次出山。在对待瑶民事件上，他效法孔明采取招抚诱降、攻心为上的方法，不施杀戮，以稳定瑶民人心，成功地平息了这次起义。后来，朝廷为表彰朱熹，在岳麓书院右侧修建了一座"谕苗台"。为了维持湖南的长治久安，防止起义再度发生，朱熹还采取了种种措施整顿地方军备，一方面奏调精锐之师"飞虎军"回湖南，另一方面编练地方武装，令各县挑选武艺精熟的弓手土军，进行专门训练，以备弹压捕盗。本来还打算奏请修筑城池，加强边防的，只因后来孝宗的"国丧"，工程被拖延了。

此外，他还在湖南整肃吏治，惩治奸民恶霸。《朱子语类》卷一百零六中记载，"某在长沙治一姓张人，初不治其恶如此，只因所犯追来，久之乃出头。适有大赦，遂且与编管。后来闻得此人凶恶不可言：人只是平白地打杀不问。门前有一木桥，商贩自桥上过，若以柱杖拄桥，必捉来吊缚。此等类甚多，若不痛治，何以惩戒！"针对这些"平白地打杀不问"者，朱熹充分利用宋刑律关于"罪人情重者，毋得以一赦免"律法，在七月七日赵扩即位、大赦天下前夕，"入狱取打囚十八人，立斩之。才毕，而登极赦至"，朱熹这临门一脚就是为怕大赦至而使恶徒逃脱法网，非常明确地表达了对扰乱社会的不法之徒的憎恶与惩治之心。

朱熹在实行"法"治的同时，也实行"礼"治。他十分注重整顿士风学风，大力兴办教育，力图以三纲五常之道改变士习，拯救世风，为更革新政付出了辛勤的努力。朱熹一到任就吊祭了张栻祠，并亲往张浚张栻父子墓哭祭，还为长沙学者刊刻的张栻《三家礼范》写了后跋。许多张学弟子都归到朱学的门下，打破了陈傅良的浙学在湖湘一家独兴的局面，其中最重要的举措是修复岳麓书院。

这一年，朝廷发生宫廷危机，晚年的朱熹也卷入了这场政治风波。其实自从他立下要劝说整个南宋朝廷"正心诚意"的心志并积极付诸实践以来，就注定了他要承受晚年悲惨的结局。

由于李后干政，太上皇赵眘与皇帝赵惇之间的猜忌怨恨不断加深，加上近习这个小人不断离间，两宫失和与日俱增，朝廷从绍熙二年（1191年）就潜伏下一场政权危机。绍熙五年（1194年），赵眘病重，赵惇却不顾众大臣的苦苦谏求，拒绝起驾问疾，甚至孝宗死后，赵惇也不肯主丧。一时朝野上下，人情骚动，颇有大厦将倾的气氛。这一事件，对于倡扬正心诚意之说、认定君主之心为天下根本的朱熹来说，无疑是极大的精神打击。他认为"天下国家所以长久安宁，惟赖朝廷三纲五常之教，有以建立修明于上，然后守藩述职之臣，有以禀承宣布于下"，而两宫不和，已使天下"根本动摇，腹心蛊坏"，作为臣子，他有一种无所凭恃的失落感。于是，于这六月上旬上状乞归田里。

七月，光宗赵惇内禅，宁宗赵扩继位。枢密院执政赵汝愚第一个推荐朱熹，让他当焕章阁待制兼侍讲，以旨赴行在奏事。朝廷更化之际，为收取人心，赵扩听取了这个建议，钦点朱熹入朝做皇帝的老师，并全面肯定了理学，称朱熹为"儒宗"。八月，朱熹离开潭州来到杭州，生平第一次也是最后一次入朝为官。

内禅之后，朝中潜伏的危机很快暴露。韩侂胄是宪圣太后的至亲，在这场内禅中被认为有定策之功，但赵汝愚没有重用这位皇室近戚，使他对道学党人满怀怨恨。韩侂胄凭着是宪圣太后的至亲，出入宫禁，很快博得新君宁宗的倚重。他常常在赵扩面前谗言挑拨，刚登基的幼主竟以内批将召还复位的老宰相留正驱逐出都。赵扩宠信近习和内批独断已经胜过他的父辈和祖辈。朱熹对赵扩也失去了信心，三次辞免不允后，于十月二日进入都门，初次面见赵扩，请求带原官职奏事。

朱熹首上《孝宗山陵议状》言："寿皇圣德神功，宜得吉土，以奉衣冠之藏，当广求木士，博访名山"。紧接着连上数札，大说一通"君臣父子，定位不易""君令臣行，父传子继"的道理，首论皇帝应"深自抑损，正伦立本，即位不忘思亲，以释逆顺名实之疑。"继论皇帝应"读书究理，居敬持志，常存此心，使其终日俨然不为物欲所侵"。他说："乃者，太皇太后躬定大策，陛下寅绍丕图，可谓处之以权，而庶几不失其正。自顷至今三月矣，或反不能无疑于逆顺名实之际，窃为陛下忧之。犹有可谅者，亦曰陛下之心，前日未尝有求位之计，今日未尝忘思亲之怀，此则所以行权而不失其正之根本也。充未尝求位之心，以尽负罪引慝之诚，充未尝忘亲之心，以致温清定省之礼，而大伦正，大本立矣。"要求宁宗正心诚意，动心忍性，吸取赵惇不孝造成宫廷危机的教训，竭尽孝道。同时，又要求宁宗读经穷理，认为"为学之道，莫先于穷理；穷理之要，必在于读书；读书之法，莫贵于循序而致精；而致精之本，则又在于居敬而持志"。

十月十四日，朱熹第一次受召赴经筵讲，之后，每逢双日早晚进讲《大学》。在《经筵讲义》中，朱熹指出，"为君者不知君之道，为臣者不知臣之道，为父者不知父之道，为子者不知子之道，所以天下之治日常少，而乱日常多，皆由此学不讲之故也。"因而，天下大治之方，就在于明君臣父子之道。对于《大学》中"格物、致知、诚意、正心、修身、齐家、治国、平天下"八个条目，朱熹反复强调，并要赵扩对"修身为本"一句长存于心，不可须臾忘记，且在日常行为规范中努力践行《大学》之道。

赵扩一开始还强行装作从善如流的样子，甚至故作姿态地降旨褒奖朱熹讲明大学之道，有补于治。但是，朱熹先后赴经筵讲六次，继续对赵扩提出"存养省察""不迩声色，不殖货利""以义制事，以礼制心""从谏弗咈，改过不吝"等种种要求，并利用经筵留身的机会上书《留身面陈四事札子》，要求停止修葺东宫之役，设法解除百姓饥饿流离之难；下诏自责，减省舆卫；整肃朝纲，使近习不得干预朝权，大臣不得专任己私；妥善安葬孝宗遗体，使宗社生灵皆蒙其福。这四事的核心在于对赵扩的独断专横与韩侂胄的弄权预政进行尖锐的抨击，幻想采用尊经限君，通过匡正君德来限制君权滥用。于是，赵扩认为朱熹"初除其经筵耳，今乃事事与闻""朱某之言，多不可用"，韩侂胄等更是非常怨恨，开始策划反道学行动。等闰十月十九日晚，朱熹最后一次进讲结束，宁宗便御批："朕悯卿耆艾，方此隆冬，恐难立讲，已除宫观"，将朱熹逐出朝廷。朝廷上下大为震动，赵汝愚上书固谏，朝廷中的道学人物也交章上奏，挽留朱熹，但最终仍无济于事。

"告老还乡"的朱熹在历经一段时间的消沉后，继续研究他的学问，发奋著述。他无法预料的是，一场席卷全国的大党禁已拉开帷幕，铺天盖地而来，最终导致他忧愤而逝。

早在淳熙十五年（1188 年）六月，兵部侍郎林栗就对朱熹及其道学进行过攻击、诽谤，并上奏弹劾朱熹，称"熹本无学术，徒窃张载、程颐之绪余，以为浮诞宗主，谓之'道学'，妄自推尊，所至辄携门生数十人，习为春秋、战国之态，妄希孔、孟历聘之风。绳以治世之法，则乱人之道也"。绍熙四年（1193 年），朝廷发生了一场为孝宗选择陵地的争论，大理司直刘德秀直斥叶适、詹体仁等道学之士为"伪徒"："彼自为道学，而以吾为不知臭味也……矜已以傲人，彼自负所学矣，而求私援故旧，则虽迁易梓宫，勿恤也。假山陵以行其私意，何其忍为也！曰曾、曰詹、曰叶，皆以道学之名，而其行事若此，皆伪徒也！"

等到韩侂胄得势，韩侂胄在君权羽翼的庇护下，从台谏言路上有效打击赵汝愚为首的道学朝党，孤立出赵汝愚，完全控制了台院、殿院和察院后，把凡是与他意见不合的人都斥为"道学之人"，一场清洗朝内外道学派的大规模论劾翻腾出滔天大浪。

庆元元年（1195 年），监察御史胡纮诬劾右丞相赵汝愚植党，以宗室谋危社稷，罢相出朝，被贬永州。谢深甫、何澹、杨大法、刘德秀、刘三杰等反道学的朝士也纷纷上书攻击赵汝愚。当时向皇帝上疏要挽救丞相的郑湜、章颖、徐谊、李祥、杨简等人，全部遭贬逐。太府寺丞吕祖俭为赵汝愚、朱熹、彭龟年、李祥等辩解，指斥光宗独断、韩侂胄恃权怙宠，干预朝政，最后被处"无君"之罪窜逐韶州（今广东韶关）。六位血气方刚的太学生伏阙上书，要求收召李祥、杨简以收士人，结果六人以"煽摇国是"之罪被捕，送五百里外编管。朱熹忧愤不已，也草草写就了数万言的封事，痛陈奸邪蔽言的祸害，正准备明丞相的冤屈。他的弟子亲友感到此举必惹大祸，苦苦相劝。最后依高足蔡元定的建议，以著草决断。结果占得"《遁》之《家人》"。按照《序卦》"遁者，退也"及《遁》卦初六爻辞"遁尾后，勿用有攸往"之说，应该退避在家，晦处静候才能免灾。笃信易占的朱熹默然无言，取出奏稿烧掉了，从此改了自己的号，叫"遁翁"。果然，朱熹因曾参与赵汝愚攻击韩侂胄的活动，于是成了韩侂胄发起抨击"理学"运动的首要目标。

庆元二年（1196 年）正月，赵汝愚到衡州（今湖南衡阳），服药自杀。叶翥和刘德秀等人立马上奏说道："伪学之魁以匹夫窃人主之柄，鼓动天下，……乞将语录之类并行除毁"，奏请销毁朱熹的书籍，并称朱熹学说为"伪学"，朱熹本人被斥为"伪师"，他的学生被斥为"伪徒"。同时认为士子"狃于伪学，汩丧良心，以六经子史为不足观，以刑名度数为不足考，专习语录诡诞之说，以盖其空疏不学之陋，杂以禅语，遂可欺人"，使得士风弊坏，因而要求士人学者"专以孔孟为师，以六经子史为习，毋得复传语录"，且下令科举取士，凡涉程朱义理的人一个都不予录取。很快，全国上下"科举取士，稍涉经训者，悉见排黜；文章议论，根于理义者，并行除毁"。

对道学的打击不断升级。十二月，刘德秀当谏官，弹劾了留正引"伪学"入朝廷的罪过。胡纮和沈继祖接着上疏，"遂劾赵汝愚且诋其引用朱熹，为伪学罪首。"说朱熹"剽窃张载程颐之绪余，寓以吃菜事魔之妖术，簧鼓后进，张驾浮诞，私立品题，收召四方无行义之徒，以益其党伍。潜行匿迹，如鬼如魅"，并罗织了朱熹许多莫须有的劣迹，诬以六大罪状和四大丑行，包括：不给母亲吃好米，不孝其亲；朝廷屡召不至，意在辞小以要大，不敬于君；在选择孝宗山陵时，以私意倡为异论，别图改卜，不忠于国；辞职名玩侮朝廷；赵汝愚死后，率其徒百余人，哭之于衢，且在其和储用的诗中，有"除是人间别有天"之句，别有深意；听信妖人蔡元定邪说，为霸占县学风水宝地作葬地而搬迁县学，劳民伤财，为害风教等"六大罪状"；诱引尼姑以为宠妾，家妇不夫而自孕、诸子盗牛而宰杀，霸占他人祖业以广其居，发掘他人父母之坟以葬其母等"四大丑行"，试图把朱熹描绘成一位不忠不孝、不仁不义、欺君罔世、污行盗名的无耻之徒。最后还要求对朱熹"褫职罢祠""加少正卯之诛",将"佐熹为妖"的蔡元定送别州编管。朱熹深知欲加之罪,何患无辞,对于沈继祖的满纸谎言与诬陷,他不屑辩驳,后来甚至以玩侮的心态在一道《谢表》中将沈继祖所指控的罪状全部承揽下来,自称"私故人之财,而纳其尼女,规学官之地,而改为僧坊",贬损自己"草茅贱士,章句腐儒,惟知伪学之传,岂适明时之用",表示今后要"深省昨非,细寻今是"。最终,朱熹被落职罢祠,蔡元定被编管道州。

庆元三年(1197年)二月,大理司直邵袖然上奏称,"三十年来,伪学显行,场屋之权,尽归其党,乞诏大臣审察其所学",诏"伪学之党,勿除在内差遣"。闰六月,前御史刘三杰又向光宗面奏,论朱熹、赵汝愚、刘光祖、徐谊之徒,并将"伪党"的名字升级为"逆党"。宁宗一改旧态,下诏明令不得任用"伪学之党"为官,规定今后凡荐官,须首先声明自己"非伪学之人"。十二月,王沇上书"乞置伪学之籍",以便从法律上禁锢伪学逆党,使之终身不得叙用。年底,朝廷炮制出一份名为"伪学逆党籍"的黑名单,其中籍者宰执有赵汝愚、留正等4人,待制以上则有朱熹、彭龟年等13人,余宫则有刘光祖、叶适、杨简、吕祖俭等31人,其余武臣3人,士人8人,共59人。同年,得意门生蔡元定死于贬所道州。这个事件,史称"庆元党禁"。一时神州大地,到处都是愁云惨雾,凄风苦雨。黄干在他的《朱子行状》中这样描述党禁的种种情形:"……猾胥贱隶,顽钝无耻之徒,往往引用,以至卿相。绳趋尺步,稍以儒名者,无所容其身。从游之士,特立不顾者,屏伏丘壑。依阿巽儒者,更名他师,过门不入,甚至变易衣冠,狎游市肆,以自别其非党。"

经过灾难与迫害接踵而来的这几年,年迈的朱熹心力交瘁,甚至曾经发出了"吾道之穷,一至于此"的慨叹。宋宁宗庆元六年(1200年)三月初九日午时,在党禁横行、世道衰微的凄冷气氛中,朱熹带着失落的悲怆,在建阳考亭溘然长逝,享年71岁。

朱熹的正直高尚、渊博学识,和在许多领域的卓越见识,令人钦佩,影响至深。当他逝世的噩耗传遍大江南北时,从游之士与闻风慕义者,莫不相聚而哭。四方道学信徒约定于十一月会聚于信上,为朱熹送葬。右正言施康年闻讯上奏,称"四方伪徒,聚于信上,欲送伪师之葬。会聚之间,非妄谈时人短长,则谬议时政得失，乞下守臣约束"。但是，道学信徒们不顾朝廷约束，从四面八方赶来，许多门人更是"裹糗行绷，六日始至"，最后竟有近千人为他送行。著名爱国词人辛弃疾亲往吊唁，祭文云："所不朽者，垂万世名。孰谓公死，凛凛犹生。"76 岁高龄的大诗人陆游，也写了祭文："某有损百身起九原之心，有倾长江注东海之泪。路修齿耄，神往形留。公殁不亡，尚其来飨。"

朱熹一生历经高宗、孝宗、光宗、宁宗四朝，时刻关心国事民情，从入仕到逝世，正好五十年。然而纵然有报效朝廷、献身国家的志向，南宋王朝政治的极端腐败，统治阶级内部不断的争权夺利，致使朱熹在仕途上只能一再受挫，不能得志，在最后绝意官场，潜心学术。

朱熹一生勤奋好学，废寝忘食，其主要活动在于讲学著述，尽瘁于学问。他广收门徒，长期讲学，培养了大量学生。这些学生广泛地传播朱熹的理学思想学术体系，扩大了朱熹思想的影响，并以朱熹为核心，形成了一个有力量、有影响的学派，将儒学的发展推上了一个新的高峰，影响此后中国思想学术的发展达六七百年之久。可以说，朱熹是中国封建社会后期在文化思想领域中学问最广博、影响最深远的学者。在中国儒学史上，他是地位仅次于孔子的一代儒学宗师；在学术成就上，他是宋代理学的集大成者和宋明理学最突出的代表；在历史地位和社会影响上，他是中国古代学者中屈指可数的几位伟人之一。

第二章 朱熹佛老思想

出入佛老

我们讲程朱理学或宋明理学时会频频出现"道学"两个字，指的是传承儒家道统的理学，不是指以老庄为代表的道家，也不是指创立于东汉的宗教道教。程朱理学以孔孟之道的儒学为主干，多方吸收了道家、释家的思想精华，逐渐成为中国封建社会中占统治地位的哲学思想。朱熹被称作南宋理学的集大成者，当然是属于儒家无疑，但是朱熹早期并不纯粹信奉儒教。受虽同为理学家但都喜谈佛老的父亲朱松和三位武夷师父的影响，最先让他关注的，却是佛老之学，所以朱熹在青少年时期喜欢参究道藏，又喜好静坐，俨然一个道徒。一直到绍兴二十三年（1153 年）第一次拜会父亲的同学兼好友李侗之后，他才开始转向理学，时年24 岁。当他精研于理学时，便不遗余力地抨击佛老学说。

众所周知，佛教本源于印度，起初自东汉明帝传入中国时，由于它仅为斋戒修习止观之类，因而并未彰显。等到它与中国土生土长的道教，在某些理论上相互杂糅而产生所谓的"教外别传"的禅宗后，佛教在中国才开始气象大振，并逐渐深入士庶之心。佛学在这种不断中国化的过程中，逐渐渗透到当时中国社会思想文化的各个领域，对我国的政治、经济、文化、教育等产生了非常重大的影响，以至于陈淳在他的《北溪字义·佛》中写道："佛氏之说，虽深山穷谷中，妇人女子，皆为惑，有沦肌洽骨牢不可解者"。尤其到了朱熹所处的时代，佛道已然盛极一时，各类知识分子的深层心理结构上，都被不同程度地融入了浓厚的佛道文化因子。

朱熹少年时代所居住的武夷山地区的佛教，也正值入宋以来的兴盛时期。由于佛教的鼎盛，寺庙又建于幽静僻静之处，僧众又往往研习儒学有相当的造诣，南宋初，许多仕宦名流还参与其事，以参悟求禅为乐事。

比如朱熹的老师刘彦冲，曾经修建并开放了一座善院，多次邀请名德之僧士来此，共为法喜之游。僧人中只要有人想写东西的，其撰述多半就出自他手，光扬大法可谓独至。刘彦冲是跟着思彻禅师学的佛，对天童正觉派的默照禅的坐禅修行十分感兴趣，二十年中终日静坐，"独居一室，危坐或竟日夜，嗒然无一言"，可见其修为的精深。而且他还以禅学的静观默照，附会《周易·复卦》，完善了他自己的学术，其主旨就是跟禅学有关的"不远复"。《宋史·刘子翚传》记载"子翚少喜佛氏说，归而读《易》，即涣然有得。"宗杲禅师的《大慧语录》中收录的《刘子翚像赞》，称刘彦冲"财色功名，一刀两断。立地成佛，须是这汉。"

朱熹的另一个师父胡原仲也表现出"致疑圣人，以为未尽，推信释氏，以为要妙"的佛学倾向。朱熹本人在后来谈到这两个老师一心好佛的事情时说道："初师屏山、籍溪。籍溪学于文定，又好佛老；以文定之学为论治道则可，而道未至。然于佛老亦未有见。屏山少年能为举业，官莆田，接塔下一僧，能入定数日。后乃见了老，归家读儒书，以为与佛合，故作《圣传论》。"

受此影响，在朱熹兼收并蓄、旁学杂搜的少年时代，尽管"旧时亦要无所不学，禅、道、文章、《楚辞》、诗、兵法，事事要学，出入时无数文字，事事有两册"，但在这些各式各样的学问中，他最喜欢的还是佛学，《朱子语类》的原文就有"某十五、六岁时，亦尝留心于禅"的记述。他坦言自己"盖出入佛老者十余年""驰心空妙之域者二十余年""某少时未有知，亦曾学禅"。其实，正是因为他"少年慨然有求道之志，……虽释老之学亦必究其归趣"，所以他一边研读佛经、探访寺院、结交僧人，与佛教中人往来甚密，一边还切实行动，师事开善寺道谦禅师，并在道谦的密庵寄斋食粥学那"昭昭灵灵地禅"，更为重要的，还致力于内心体悟，栖心禅定之途，出入佛老几十年，对佛教经典如《四十二章经》《大般若经》《华严经》《法华经》《楞严经》《圆觉经》《金刚经》《光明经》《心经》《维摩经》《肇记》《华严大旨》《华严合论》《景德传灯录》等等，多有研究，不胜枚举。

道谦禅师俗姓游，也是武夷山五夫里人，原家世也属于儒家。只因在他很小的时候便丧了父母，所以，宁愿孤苦一个愿从浮图。最开始的时候是到京都师事圆悟大师，后来又师从大慧宗杲，悟得密传心印，为"看话禅"的重要传人。绍兴八年（1138年），道谦禅师回到故乡，修行在仙洲山开善寺，跟当地理学家刘勉之、刘子翚等交情颇深，还经常一起探讨学问。

道谦禅师以佛兼儒之学，教授朱熹援佛入儒的奥妙，使朱熹颇得教益，还把道谦的师父宗杲编的《大慧语录》作为重要读本。据嘉庆版《崇安县志》记载，朱熹曾向道谦禅师请教过"狗子佛性话头未有悟入，愿授一言，警所不逮"的问题。《枯崖漫录》卷中云："径山谦首座归建阳，结茅于仙洲山，闻其风者悦而归之。……朱提刑元晦以书牍问道，时至山中，有答元晦，其略曰：'十二时中，有事时随事应变，无事时便回头向这一念子上提撕：狗子还有佛性也无？赵州云无。将这话头只管提撕，不要思量，不要穿凿，不要生知见，不要强承当。如合眼跳黄河，莫问跳得过跳不过，尽十二分气力打一跳。若真个跳得这一跳，便百了千当也。若跳未过，但管跳，莫论得失，莫顾危亡，勇猛向前，更休拟议。若迟疑动念，便没交涉也'。"

朱熹曾自叙说："熹于释氏之说，盖尝师其人，尊其道，求之亦切矣"。绍兴二十二年（1152年），道谦禅师圆寂，朱熹作《祭开善谦禅师文》以示祭奠，祭文中朱熹说："我昔从学读《易》《语》《孟》。……下从长者问所当务，皆告之言要须契悟开悟之语不出于禅。我于是时则愿学焉。师出仙洲，我寓潭上，一岭间之，但有瞻仰。丙寅之秋，师来拱辰，乃获从容笑语。日亲一日，焚香请问此事，师则有言决定不是。始知平生浪自苦辛，去道日远，无所问津。未及一年，师以谤去，我以行役不得安住，往还之间，见师者三，见必款留朝夕咨参，师亦喜我为说禅病，我亦感师，恨不速证。……恭惟我师具正遍智，惟我未悟，一莫能窥，挥金辨供，泣于灵位，稽首如空，超诸一切。"句句情真意切，感人肺腑。之后朱熹给朋友吕伯恭去了一封信，信中表达了自己对道谦禅师的徒弟们深切的关爱之情，他说："密庵主僧从穆，近已死。其徒法舟，见现权干此庵，原只作古丞庄屋，如可且令看守，即求一榜并帖付之，恐或别有可令住者，遣来尤佳，但此庵所入亦薄，非复谦老之时矣，只令法舟守之亦便也。"朱熹对学禅的热衷之情，连后来的理学老师李侗都说："渠（朱熹）初从道谦开善处下功夫来，故皆就里面体认。"

另记载，朱熹十八岁那年准备参加科举考试，当时他的老师刘子翚认为他一定会留意于举业，但翻检其书箱，却只看到一本大慧禅师的语录。现存的文献中，还有朱熹于绍兴十七年（1147 年）寄书宗杲问禅的书信和宗杲回答朱熹的书信，在朱熹赴临安应试时，还是怀揣这一本佛家的《大慧语录》。小船经过桐庐名刹时，他还吟诗一首，其中有两句说："江湖此去随沤鸟，粥饭何时共木鱼？" 一名世俗举子，竟然想当和尚，念念不忘做着 "粥饭何时共木鱼" 的世外禅梦，可见禅学对他的影响之深，几近沉迷。

尤其耐人寻味的是，朱熹这年春风得意，竟与他学习《大慧语录》有关，因为他在答卷中援用了禅说，标奇立异，大受考官赏识，成为他登进士第的主要原因。这年，朱熹 19 岁。仕途的成功，临安都城的禅风，使朱熹对佛学的兴致大增，他开始远游访禅，狂热读书，专门游访了天台法华胜地上竺寺，同高僧品茗谈法，并在寺壁题诗。然后，朱熹进入了他精神漂泊的牧斋时期。三年后，朱熹赴任同安主簿。大约这一年前后，朱熹的出入佛老达到了顶峰，整整一年他都沉浸在佛经道书中。朱熹后来写了一篇《牧斋记》，对三年的谦谦自牧进行了总结。

朱熹还与开善寺的圆悟禅师相交颇深，圆悟曾经和朱熹《咏梅》诗云："可怜万木凋零后，屹立风霜惨淡中"，为文士诗人所赞叹。淳熙年间，朱熹还曾在武夷山天心永乐禅寺拜见了到访的临济大慧禅师，向其问禅求解多日，感慨之余，写下名诗《天心问禅》：

> 年来更惑青苔路，欲叩天心日不撑。
> 几度名山云作客，半墙禅院水为僧。
> 漱流枕石心无语，听月煮书影自横。
> 不待钟声驾鹤去，犹留夜籁传晓风。

从理学的发展史上，我们看出一个比较有意思的现象，就是自从理学创立起，历代理学家大多有出入佛老、结交僧道、穷究佛道经典的为学经历。这种为学经历，使他们能够在对佛道之学进行较为深入的了解和把握的基础之上，充分融摄汲取其理论思维成果与其他思想资料，建构自己的理学体系，提高理学的思辨水平。应该说，这是北宋诸子理学体系之所以能建立的一个不可或缺的环节。周敦颐是这样，程颐也是这样，朱熹更是这样。

引佛入儒

从小的学习历程，使朱熹深得佛老之学的精髓，以供其"援佛入儒"，成功地借助异体思想文化为自己所构筑的理学思想体系提供补益。在朱熹后来所建构的学术思想体系中，从范畴、命题到思辨方法，对佛道之学的吸收、利用是非常明显的，特别是在他为了建立圣学道统，完善理学思想体系，以回应佛老之学的挑战的时候。

朱熹自称得孔孟之真传，其学说是孔孟儒学的正宗，反对佛道。可是在其全部思想体系中，却充满着大量的佛、道思想成份。他曾说："佛教最有精微动人处"，又曾表示"老佛亦尽有可取处"，因而他总是积极汲取佛老之学中有益于儒学的理论营养，"援佛入儒"，以资己用。他所推崇禅学中的禅悟、华严宗的思辨，后来都被他加以儒家方式的改造，融化在自己的理学体系中。就其思想中的佛学成份而言，禅宗思想所占比重最大。可以说，朱熹的理论是以禅学思想为骨架建构起来的，抽去其禅学的部分，他的思想就失去支撑，只有伦理而无哲理了。

朱熹的思想受禅宗影响主要体现在三个方面：

第一在世界观方面。朱熹理学体系的最高范畴"理"，就其思想内容实质而言，等同于儒家的"礼"，具有儒家纲常伦理的特征，但就其理论形式而言，它与佛学的最高精神本体"真宰""真空""神识"有着渊源关系。朱熹曾经首肯："释氏于天理大本处见得些分数""儒者以理为不生不灭，释氏以神识为不生不灭。"朱熹所说的"理"或"天理"是无形体、无方所、无动静的"形而上者，无形无影是此理""总天地万物之理，便是太极"。虽然"太极无方所、无形体、无地位可顿放"，但这"理"却可以生天地、育万物，无所不在又无所不包。它主宰一切、涵纳一切。"有此理便有天地，若无此理，便亦无天地，无人无物，都无该载了。有理便有气，流行发育万物"。"盖此理之流行，无所不适而无不在"，且"大则道无不包，小则道无不入，大小精粗，皆无渗漏"。朱熹认为世界上万事万物都是由"理"所生，这个"理"又称"一心"。他说："心者，一身之主宰"；"心包万理，万理具于一心"；"大凡理只在人心中，不在外理"；"天下凡事，本于一心"；"人心万事之主"。他认为世界上一切事物，包括物质的和精神的都包含在"一心"之中。这种说法，佛教禅宗早就有了。《坛经》就认为世界上的一切宇宙现象，无一不包括在自己的心中，所谓"外无一物而能建立，皆是本心生万种法""心生则种种法生，心灭则种种法灭"。《大乘止观》云："此心即自性清静心，又名真如，亦名佛性，亦名法身，亦名如来藏，亦名法界，亦名法性。""言法界，一经之玄宗，总以缘起法界不思议为宗""性含万法是大，万法尽是自性"。至于"一真法界"，则能"会众妙而有余，超言思而迥出"，并且"廓无涯而超视听""深无极而抗思议"。虽然"名言罕寻其际""相见靡究其源，但以机感万差，奋形言而充法界，心境一昧，泯能所而归寂寥"。又说"佛向心中作，莫向身外求""故知万法尽在自心，何不从自心中，顿现真如本性"。禅宗在这里讲的"心生万法"也就是朱熹所讲的"人心万事之主"和"心包万理"的思想来源。

第二在认识论方面。朱熹袭用了儒家"格物致知"这一传统命题，但他赋予了新的解释："致知工夫，亦只是且据所已知者，既索推广开去""致知乃本心之知，如一面镜子，本全体通明，只被昏翳了，而今逐渐磨去，使四边皆照见，其明无所不到。"意思是说，知识乃人心所固有，而不是从经验中获得，也不是客观世界的反映，而且人心本来就是一面全体通明的镜子，只是蒙上了尘垢，"致知"就是把蒙上的尘垢擦拭干净，恢复其本性。这种认识论同佛教的自性是佛，一悟即至佛地的认识论同出一辙。佛教禅宗认为，人人都有佛性，要求得解脱，无须向外驰求，所谓"身是菩提树，心如明镜台，时时勤拂拭，莫使惹尘埃"。可见朱熹"磨镜复明"的"格物致知"说，不过是禅宗"心如明镜""勤拂拭"的借用和进一步发挥。

第三在实践工夫论方面。朱熹主张"涵养须用敬，进学在致知"，倡导"静坐修养功夫"，强调敬义夹持，德知双修，将道德修养论与认识论统一起来。他说："主敬以立其本，穷理以尽其知，使本立而知益明，知精而本益固"；"涵养穷索，二者不可废一，如车两轮，如鸟两翼"；"读书闲暇且静坐，教他心平气定，见得道理渐次分晓……这个却是一身总会处。"朱熹这一套"收敛身心"的静坐修养功夫，实际上也是效法于佛教的禅定，止观并重、定慧双修。他曾说："静坐非是要如坐禅入定，断绝思虑，只收敛此心，莫令走作闲思虑，则此心湛然无事，自然专一。"其实这正好说明他的静坐来自佛教的禅定。东晋佛学大师慧远就说过："禅非智无以穷其寂，智非禅无以深其照。"讲的佛教禅定就是叫人止息杂念，并非他理解的要人断绝思虑。

另外，朱熹的"理一分殊"说，也与佛教华严宗的思想相通。朱熹认为，天道流行，发育万物，理气并存，缺一不可，理涵于气，气中寓理，但理是主，是本；气是末，是用。末出于本，用源于体。气出于理，理因气显。在他看来，"本只是一太极，而万物各有禀受，又各自全具一太极尔。如月在天，只一而已，及散在江湖，则随处而见，不可谓月已分也"。这种说法，与华严宗一多相摄、理事无碍的理论是完全一致的。朱熹的这一思想理路与华严宗理事无碍说是一脉相承的。华严宗《大正藏》云："初会理事者，如尘相圆小是事，尘性空无是理，以事无体，事随理而融通，由尘无体，即遍通于一切，由一切事，事不异理，全现尘中。""一一事中，理皆全遍，非是分遍。何以故？彼真理不可分故。是故一一纤尘，皆摄无边真理，无不圆足。"由此可见，华严宗也认为理乃是一个整体，是不可分割的，每一事物都是理之全体的显现。又如，朱熹所说的"一理之实而万物分之以为体"，显然可以从禅宗的"一法遍含一切法"中看出二者之间的关系；他提出的"虚灵不昧"，出自佛学典籍《大智度论》；"不可限量"，出自《华严经》；"物我之理，固有之性，心之体用，吾心正而天地之心正"等等，都能从佛家典籍中找到源头。

身为理学大家，却多援引佛家学说，自然招致一部分学者的批评。如明代学者黄绾说："宋儒之学，其入门皆由于禅。濂溪、明道、横渠、象山则由于上乘；伊川、晦庵则由于下乘。"明清之际的学者颜元说："论宋儒，是集汉、晋、释、道之大成则可，谓是尧、舜、周、孔之正派则不可。"在他们看来，朱熹等尽用佛道之学并沉溺于其中，已经悖离了儒家的基本立场。当然，用现在的眼光来看，这些后来的学者对朱熹他们的评价还是存在误解的。因为，实际上，朱熹虽在早年出入佛老，但其思想体系的建构却是恪守儒家文化本位立场的。换句话说，这佛老之学仅仅是为自己创立属于自己的一套儒学而需要在其他学科中借鉴极个别的思想而已。尤其对于朱熹而言，看他的儒学思想就要看他的主体，毕竟真正出入佛老的阶段仅仅朱熹从十几岁到二十岁这些年而已，等到朱熹真正拜理学大家李侗为师后，他的为学方向就逐渐发生了重大转变，出现了一个逃禅归儒的过程，这其实也是朱熹为学的必然归宿。或许也正因为如此，朱熹才能在吸收佛道之学的基础上，以儒家的伦常道德为核心，将理学的发展推向新的高度。

师李抨儒

朱熹与李侗的结识是他逃禅归儒的开始。朱熹在南下赴任同安时，曾一路访学问道，拜访了诸多闽中名儒，其中就有杨时的二传弟子、罗从彦的弟子、朱松的同门师兄弟李侗。

李侗（1093 年—1163 年），南宋理学家，字愿中，南剑州延平（今福建南平市）人，世称延平先生，为二程学说嫡传弟子。少年时代就体现出豪勇，常夜间酒醉驰马为欢。青年在家乡读书时，即有声名。政和元年受学于罗从彦并成高足。李侗一生隐居不仕，专心穷研经书讲求道学，极有贤者声誉。朱熹早慕其名，赴同安主簿之任那一年，朱熹 24 岁，为求学问，他刻意徒步百余里，第一次往南平拜见李侗并求为己师。据朱熹自己回忆，他第一次见李侗时，因受禅学影响很深，仍热衷于向李侗大谈学佛的体会。但李侗却总是极言佛学之非，他批评朱熹悬空地参悟了许多禅家的虚理，对眼前的实事却理会不得，并启发朱熹，真正的道并无任何幽深玄妙之处，只要在日用常行间踏踏实实地做工夫，努力践履，就自然能够得道。他说："吾儒之学，所以异于异端者，理一分殊也！"当时朱熹认为李侗对佛学造诣不深，难以领悟其中奥妙，因而再三提出质疑。李侗为人简重，不善言谈，此时也并不与朱熹论辩，只是叫他仔细研读儒家经典，看圣贤言语以求义理。于是，朱熹在同安政事之余，经过日复一日的反复研读、琢磨，终于对儒学义理的真谛有所领悟，"觉得圣贤言语渐渐有味"。这时，再回头审视佛学，就渐渐发现了其中的许多破绽，感到佛学偏弊丛生，罅漏百出，渐渐体会到李侗学问的正确。朱熹从同安回归闽北之后，把书斋"牧斋"改名为"困学"，标志着他在逃禅归儒历程上的一再彷徨动摇得到了初步克服。

现在来论儒佛的是非已然两难，当时朱熹之所以下定逃禅归儒的决心，跟那时候的社会环境密切相关。当时的礼佛风习已经无孔不入，特别是士大夫以至王公贵族，甚至当时的天子及其后妃，礼佛佞佛之习更是十分浓烈。一方面是水旱频仍，饥民遍野，民不聊生；而另一方面却是禅风大炽，佛刹林立，空门僧众田产万顷，赀财无数，不劳而食。面对这种情况，朱熹的内心是十分焦虑的，他想到了"为生民立命，为往圣继绝学，为万世开太平"，决心振兴儒学。

若要重新振兴儒学，首要的就是必须对佛老之学进行一番彻底的批判。而南宋时期的道教势力已不可与佛教势力同日而语，所以，朱熹对佛教的批判就更多点。

首先，从本体论上，朱熹指斥佛学之说"专要说空说玄，不肯就实"。佛学以理为障，以心法起火天地一切皆空为宇宙本源本体，认为整个世界在本质上是虚幻不实的。这种一切皆空，幻而不实的理论，朱熹痛斥为"如梦幻泡影"的思想，是"终日吃饭，不曾咬破一粒米；终日着衣，不挂一缕丝"般地可笑。尽管这种从世俗角度的对"空"的批判，与佛教本身所要阐述的哲学意义上的"空"并不相符，但由于当时社会条件下，佛教的"空"在世俗中产生的负面影响的确太让人心寒了，因而朱熹的批判也只有就世俗角度去展开。他说："儒者以理为不生不灭，释氏以神识为不生不灭"，因此佛教"以空为真以理为障，而以纵横作用为奇特，与吾儒之论正相南北"。

其次，从认识论上，朱熹认为，对于世界本源本体"理"的体认，只有通过"今日格一物，明日格一物"这样切实的做功夫才能把握，只有逐一详察其理之所以然，其物（事）之所以然，由下学而上达，融会贯通，上下左右精粗无不到，然后才能合万理为一理，由凡而超入圣域。可是佛教的禅师们却认为以"顿悟""明心见性""直指本心"即可参透"万法"，即他们所谓的世界的本质。朱熹又指斥禅宗的"顿悟"之说只会使人"颠狂粗率"，终日枯坐游谈，束书不观。所谓"顿悟"之说"断然是异端，断然是曲学，断然非圣人之道"。"以某观之，做个圣贤千难万难，如释氏则今夜痛说一顿，有利根者当下便悟，只是个无星之秤耳"。

"释氏一闻千悟，一超直入虚谈，非圣门明善诚身之务实也"。对于有些人侈谈
"老佛之学乃致知而离乎物者"，朱熹也进行了驳斥："夫格物可以致知，犹食之所
以为饱也。今不格物而自谓有知，则其知者妄也。不食而自以为饱，则其饱者病
也"。如果幻想不经过积累即可突然"顿悟"而进入"圣人之域"，是不切实际的，
那种人也"终不可与入尧舜之道"。

第三，从日常生活的角度进行批判。朱熹痛斥佛教学说"以君臣父子为幻妄"
"以父母所生之身为寄宿处"，简直是"弃君背父""人伦灭尽""义理灭尽"。他
说："只是废三纲五常，这一事已是极大罪名，其他更不消说。""（释）只是见得个
空虚寂灭。真是虚，真是寂无处，不知他所见者见个甚？莫亲于父子，却弃了父
子。莫重于君臣，却绝了君臣。以至民生彝伦之间不可阙者，它一皆去之。所谓
见者见个甚物？"朱熹凭借"性是实理"的理论，对佛学以性为空的思想提出了尖
锐的批判，认为它彻底从人性中挖掉了三纲五常中的人伦常理，这是像朱熹这样
以维护圣人道统自任的儒者所无法忍受的。"有我底着他底不得，有他底着我不
得"！意即有他无我，有我无他！

朱熹后来又多次拜见李侗，特别是 29 岁那年，向李侗进行详细求教，就"理
一分殊"问题进行了深入的讨论和思考，更加坚定了对"理一分殊"学说的信念。
31 岁时，朱熹正式投在李侗门下称弟子，朝夕受教，尽得"静中涵养"的真谛。
李侗之学的特点，在于从默坐澄心入手，体验喜怒哀乐未发之前气象，以此求得
天下本原之理。他认为，大本既立，则虽天下万事万物品类不同，变化万殊，却
都能统摄洞贯，条理粲然，毫不紊乱。据载，朱熹曾请教李侗关于太极动静与已
发未发问题。朱熹依据《易经·复卦》中一阳生而见天地之心的说法，认为"动
而生阳"即天地之喜怒哀乐发处，为已发。而李侗告诉他，"太极动而生阳"，不
能做已发看，"动而生阳难以为喜怒哀乐已发言之"。这种细致缜密的分析，无疑
使朱熹的理论思维更趋深入细致。

隆兴元年（1163 年），李侗二度回访朱熹。这次被称为"五夫潭溪之会"的学
术活动，坚定了朱熹入都奏事、与主和派抗争的决心。然而，这年秋天，李侗瞑
目长逝。朱熹闻此噩耗后，即驰往福州悼祭老师，他用祭文"以歌代哭"，写道：
"安车暑行，过我衡门。还旆相遗，凉秋已分。熹于此时，适有命召。问所宜言，

后复教诏，最后有言：吾子勉之，凡兹众理，子所自知，奉以周旋，幸不失堕。归装朝严，讣音夕至。"

对于师事李侗的这一段求学生活，朱熹也颇为怀念，甚至在李侗辞世多年之后，朱熹有一天得空清理往日来往信件，看到了当时与李侗讨论学问的一批往还书稿，睹物思人，不禁怅然若失，只恨不能再度行弟子之礼到先师门下请教。他说："当时亲炙之时，贪听讲论，又方窃好章句训诂之习，不得尽心于此。至今若存若亡，无一的实见处，孤负教育之意，每念此，未尝不愧汗沾衣也。"

第三章 朱熹学术思想

在朱熹构建自己的理学大厦的过程中，有很多博学鸿儒成为他的诤友知己，朱熹与他们互相切磋，学问精进，虽常有争得面红耳赤的时候，却都以"文人相重"之礼与这些思想观点上有争锋的同道中人结下兄弟之谊。

中和之辩

张栻（1133—1180 年），字敬夫，又作钦夫，号南轩，汉州绵竹（今四川绵阳）人，为抗金名将张浚之子。张栻曾从胡宏问二程之学，与朱熹同为二程的四传弟子，在理学上造诣很深，胡宏曾以"圣门有人，吾道幸矣"相赞许。张栻一生力主抗金，主张从得民心入手以图恢复中原。在学术上，张栻继承胡宏之学并发扬光大，奠定了在理学中颇有影响的湖湘学派的规模，其为学以"存天理，去人欲"为宗旨，并以天理人欲辨义利，剖析非常深刻精当，在当时与朱熹、吕祖谦齐名，并称"东南三贤"。

早在隆兴二年（1164 年）九月，朱熹就与张栻展开过为期三天的学术讨论。当时，张浚病逝于江西余干，张栻兄弟按父亲遗嘱，扶柩归葬衡山。朱熹得知消息后，赶往江西豫章祭奠张浚，并一同护送到丰城。朱熹连接三天与张栻长谈，讨论《中庸》"喜怒哀乐之未发谓之中，发之皆中节谓之和"的问题，以后又常有书信往来继续讨论，并发展成为理学史上广为流传的朱张"中和之辩"。第一次见面结束后，朱熹对张栻留下了极好的印象。在给友人的信中，他对张栻的学问赞叹不已，认为张栻"虽未能绝无渗漏，终是本领是当，非吾辈所及"。但同时，他仍对于两个人观点的争锋，抱以尊重并怀疑态度，决意一探到底。朱熹写道："时得敬夫书问，往来讲究此道。近方觉有脱然处，潜味之久，益觉日前所闻于西林（朱熹向李侗求教时的寓所）而未之契者，皆不我欺，幸甚幸甚，恨未得质之！"

张栻像

第二次见面机会也是朱熹刻意争取来的。乾道三年（1167年）秋天，朱熹率弟子林用中从福建启程，前往长沙会见张栻，并进行了长达两个多月的岳麓会讲。

朱熹与张栻的辩论焦点"中和"广为宋代理学家们重视，并各自从自己的心性哲学观和道德修养论的角度，提出见解。程颐提出："中也者，言寂然不动者也，故曰'天下之大本'。和也者，言感而遂通者也，故曰'天下之达道'。"认为中为静、为本的表现；和为动、为本的表现，以心为已发之和，不以心为未发之中。程颐的这一观点后来有所改变，但其以心为已发的思想对胡宏、张栻的思想却产生了较大影响。张栻的老师胡宏继承了程颐以中言性，以和为心的思想，提出性为体、为未发；心为用、为已发的观点。他说："圣人指明其体曰性，指明其用曰心。"并说"窃谓未发只可言性，已发乃可言心。故伊川曰：中者，所以状性之体段。而不言状心之体段也"，成为当时湖湘学派心性修养论的主要观点。而朱熹的老师李侗受程颐"存养于喜怒哀乐未发之时"和"涵养须用敬"思想的影响，强调于未发时的涵养，从静中体认大本。朱熹称："李先生教人，大抵令于静中体认大本未发时，气象分明，即处事应物自然中节，此乃龟山门下相传指诀。"从杨时到李侗都持这种观点。两个老师的思想其区别显而易见，自然影响到两个得意门生要展开激烈的"中和之辩"。

朱熹、张栻中和之辩的重要内容是已发与未发。在一开始，张栻把他所理解的性为未发、心为已发的观点告诉朱熹，朱熹经过一番思索，接受了他的观点。朱熹说："《中庸》未发已发之义，前此认得此心流行之体，又因程子凡言心者，皆指已发而言，遂目心为已发，性为未发。"之后便舍去了李侗于未发时涵养体认大本之教，而专事于在已发之际察识其心。不过，在经过一段时间的思考后，朱熹又认为张栻的观点有毛病，逐步产生了怀疑。他说："钦夫见处卓然不可及，从游之久，反复开益为多。但其天姿明敏，从初不历阶级而得之，故今日语人亦多失之太高。"乾道五年（1169 年），朱熹对张栻的观点由疑到悟，纠正了已发、未发的观点，他记述到："乾道己丑之春，为友人蔡季通言之，问辩之际，予忽自疑，……予之所自信者，其无乃反自误乎！"朱熹批评张栻"于事物纷至之时精察此心之所起"，即以心为已发而察此心的观点是"更于应事之外别起一念以察此心，以心察心，烦扰益甚，且又不见事物未至时用力之要，此熹所以不能亡疑也"。张栻认为，心为已发，主张事物一至便察此心之起。朱熹则认为，以心为已发的观点忽视了未发时的道德培养工夫，一旦遽见此心之起是失之太快，不守用力次第，因而会流于异学之归。朱熹把未发之中解为性，把已发之喜怒哀乐解为情，而把心作为贯通在性与情之中的。这是对中和之义的新解。

张栻听取了朱熹的新观点后，表示部分接受，但仍有保留。"栻曰：统字亦恐未安，欲作而主性情，如何？"又说："自性之有动谓之情，而心则贯乎动静而主乎性情者也。"张栻提出心主性情说，以代替自己过去所主张的性为体，为未发；心为用、为已发的观点，这受到朱熹思想的影响，但也有自己的独立创见。朱熹指出："敬夫未发之云，乃其初年议论，后觉其误，即已改之。"

与此同时，察识与涵养的不同思想交锋也成为朱张辩论的重要内容。张栻在他所作的《艮斋铭》中说："天心粹然，道义俱全。《易》曰至善，万化之源。人所固存，曷自违之！求之有道，夫何远？而四端之著，我则察之。岂惟思虑，躬以达之。工深力到，大体可明。匪自外铄，如春发生。知既至矣，心由其知。造次克念，占兢自持。事物虽众，各循其则。其则匪它，吾性之德。动静以时，光明笃实。艮止之妙，于期为得。"也就是持"性体心用"之说，当性的四德表现为心之四端时，就要察其端绪之著见，通过察心，再行存养，这样便可明其大体。同未发已发之论的过程大体相似，朱熹一开始也接受了张栻关于先察识后涵养的观点。他说："如《艮斋铭》便是做工夫底节次。"朱熹认为，先察其良心发见之微，从此下手，便是做工夫的本领。如果不先省察良心发见处，则无法立其本。只有通过察识良心而立其本，才能直接求得圣人之道。然后随着自己学问研究的深入，他又逐步对张栻的观点产生怀疑。他在给张栻的信中讨论到："所谓学者先须察识端倪之发，然后可加存养之功，则熹于此不能无疑。盖发处固当察识，但人自有未发时，此处便合存养，岂可必待发而后察，察而后存耶？且从初不曾存养，便欲随事察识，窃恐浩浩茫茫，无下手处。而毫厘之差，千里之谬，将有不可胜言者。……且如洒扫应对进退，此存养之事也，不知学者将先于此而后察之耶？抑将先察识而后存养也？以此观之，则用力之先后判然可观矣。"在朱熹看来，在人的喜怒哀乐感情未发之时就要存养，不能等到已发之际再来察识，察识以后再来存养。比如，洒扫应对进退等日常生活之事，就是做存养工夫的地方。由此他批评张栻说："湖南诸友其病亦似是如此，近看南轩文字，大抵都无前面一截工夫也。……若必待其发而后察，察而后存，则工夫之所不至多矣。惟涵养于未发之前，则其发处自然中节者多，不中节者少。"

朱熹把涵养看作是在察识之先的"前面一截工夫"，而主张涵养在前，察识在后，并对张栻先察识后涵养的观点提出批评。张栻听了朱熹的辩论后，开始对自己的观点进行修正，但并不认为自己错了，直到后来，当他与吕祖谦等人讨论存养、省察问题时，便意识到自己过去的观点有误。他说："不知苗裔，固未易培壅根本；然根本不培，则苗裔恐愈濯濯也。此语须兼看，大抵涵养之厚，则发见必多；体察之精，则本根益固。未知大体者，且据所见自持，而于发处加察，自然渐觉有功。不然都不培壅，但欲省察，恐胶胶扰扰，而知见无由得发也。"

朱张"中和之辩"的意义在于：通过辩论，促进了宋代理学心性论的发展，使得若干心性哲学的范畴在意义和相互关系上更加明确。纠正了胡宏性体心用，已发为心的观点，刺激和启发朱熹提出性体情用，心统性情的思想，这一思想成为朱熹哲学的重要内容和他心性之学的纲领。同时，朱张"中和之辩"促进了宋代理学思潮中闽学与湖湘学的交流和发展，开创了自由讲学和不同学术观点互相诘难又互相促进的一代新风。后来朱熹与陆九渊的鹅湖之会、朱熹与陈亮的王霸义利之辩便陆续展开。

鹅湖之会

以朱熹为代表的理学学派和以陆九渊为代表的心学学派的较量，是朱熹与诸多学者互相论争、互相补益，而构成的一幅蔚为大观的百家争鸣图中的最为后人津津乐道的一场思想交锋，是为"鹅湖之会"。

吕祖谦像

鹅湖之会除了朱熹外，还牵涉到吕祖谦、陆九龄、陆九渊三人。

吕祖谦（1137年—1181年），字伯恭，婺州（今浙江金华）人，后世称"东莱先生"。他出身官宦世家，八世祖至六世祖均曾入朝为宰相。五世祖至父亲吕大器等，也皆为朝廷命官，这样官位显赫的吕氏家族在历朝历代也不多见。更重要的，吕氏一门在学业上也颇有建树。吕祖谦少年因祖荫封官，却一直不去上任，而一心要科举入仕。但后来他虽为进士出身却命运不济，发妻、儿子、母亲、续弦、女儿、父亲先后去世，造成他极大的精神痛苦。在他第三个妻子去世后不久，也病故了，享年44岁。

吕祖谦一生屡遭不幸，但在学业上体现的那种宽宏函容和兼收并蓄的精神，仍使他独树一帜，成为南宋一位重要学者和思想家。清代学者全祖望评价他为学的特点："吕（祖谦）学则兼取其长，而复以中原文献之统润色之。门庭径路虽别，要其归宿于圣人则一也。"而表现这一风格和为学特点的，莫过于他促成了朱、陆的"鹅湖之会"。

陆九渊（1139年—1192年），字子静，号象山，谥号"文安"，江西抚州金溪人。南宋著名哲学家、教育家，与朱熹齐名，史称"朱陆"。

陆九渊一生的辉煌在于创立学派，从事传道授业活动，受到他教育的学生多达数千人。他以"心即理"为核心，创立"心学"，强调"自作主宰"，宣扬精神的动性作用。他的学说独树一帜，与以朱熹为代表的客观唯心主义理学相抗衡。他的思想经后人充实、发挥，成为明清以来的主要哲学思潮，一直影响到近现代中国的思想界。著名学者郭沫若、马一浮都认为自己深受陆九渊思想的影响。

陆学的主要思想直接取于孟子的"万物皆备于我"的"心学"，认为"人心至灵，此理至明；人皆具有心，心皆具是理"；"宇宙便是吾心，吾心便是宇宙"；"宇宙内事是己分内事，己分内事是宇宙内事"。这成为他与朱熹在鹅湖之会上争锋相对、棋逢对手的基础。

陆九龄（1132年—1180年），字子寿，号复斋，谥号"文达"，是陆九渊的五哥，曾主家乡保伍，领导地主武装，备御"湖之南"之"寇""郡县倚以为重"。他跟陆九龄一样，均为主观唯心主义学者。他认为自古以来圣人相传的"道统"即是"心"，离开"心"犹如"无址"而"成岑"。

鹅湖之会发生在淳熙二年（1175年），四月，吕祖谦自浙江东阳来访，在寒泉精舍停留十余日，与朱熹讨论学问、切磋义理，这时候吕祖谦便清楚了朱陆二人在治学目标上虽基本一致，但其思想方法和认识途径却大不相同，"盖虚朱与陆犹有异同，欲会归于一而定其所从"。为了调和两者在思想认识上的不一致，便决定写信请陆家两兄弟于某月某月在某地相聚。由于陆九渊一向主张不立文字，参学只用内心体悟，所以人们一时对他的学术思想还仅仅凭传闻去揣摩而暗自得个十

陆九渊像

之五六而已，吕祖谦与朱熹在修书的同时，先派遣了张栻的弟子前去陆门学得他们的主张与观点。然后，朱熹、吕祖谦、张栻等在寒泉精舍预先互相交流，做了一些辩论的准备工作。同样地，陆九渊也与他的兄长陆九龄一起，预先作了一番统一思想的工作。他说："伯恭（吕祖谦）约元晦为此集，正为学术异同，某兄弟先自不同，何以望鹅湖之同？"随后还进行了一番辩论作为预演，最后二人完全达到统一。五月，朱熹送吕祖谦返乡，弟子朋友一行十几人从建阳来到江西铅山鹅湖，于陆家弟兄开展学术讨论。这次聚会为时十天，于当年六月八日结束，史称"鹅湖之会"。然而，鹅湖会非但没有把两者的思想统一起来，反而加剧了对立面，使各自的思想发展成为对立的两大哲学派别。

会谈一开始，陆九龄首先发难，作诗表明观点。这诗当然是之前就已经精心准备过的：

孩提知爱长知亲，古圣相传只是心。
大抵有基方筑室，未闻无址忽成岑。
留情传注翻蓁塞，著意精微转陆沉。
珍重朋友相切琢，须知至乐在于今。

陆九龄的诗颇有深意，第一句"孩提知爱长知亲"，就是借用孟子的良知说来表述心即理，本心自善的心学本旨，这在陆九渊的《贵溪重修县学记》中就说过"孩提之童，无不知爱其亲。及其长也，无不知敬其兄。先王之时，庠序之教，抑申斯义以致其知，使不失其本心而已。尧舜之道不过如此"，两相本旨吻合。而对于朱熹读书注经，即物穷理的认识方法，陆九龄又用"留情传注翻蓁塞"一句微讽，认为他好注疏经传反而会使本心"蓁塞"。

朱熹才听陆九龄读第四句，就对吕祖谦说："子寿早已上子静传了也！"言下之意，你们兄弟合谋好了的。其实朱熹他们又何尝不是呢？陆九渊听朱熹这样说，便说一路行来和了哥哥一首诗：

> 墟墓兴衰宗庙钦，斯人千古不磨心。
> 涓流滴到沧溟水，拳石崇成泰华岑。
> 易简功夫终久大，支离事业竟沉浮。
> 欲知自下升高处，真伪先须辩只今。

陆九渊诗中"涓流滴至沧溟水，拳石崇成泰华岑"二句是阐述自己关于如何发明本心的方法的，同时又用"易简功夫终久大，支离事业竟浮沉"二句来总结，向朱熹他们宣告自己发明本心的方法乃是易简功夫，而朱熹的读书穷理而为为学之道终将是沉沦的支离事业。这样的一抑一扬，未免有点过激，致使朱熹一听这句脸上顿时变色，显得很不高兴。陆九渊读罢该诗，互相之间第一天的辩论便宣告暂且结束。

之所以陆氏兄弟把他们的为学之方称为"易简功夫"，而诘难朱熹的治学之道是"支离事业"，是因为朱熹的理一元论把自然界和封建社会中的一切社会关系以及一切思想、行为准则都归结为"理"的体现，在治学方法上，朱熹主张通过多读书，"泛观博览"去达到对"理"的认识，因而十分复杂繁难，必须下最大功夫才能达到目的，因此陆九渊觉得它大支离烦琐，不切实用。按照陆九渊他的"心即理"观点，他主张求理不必向外用功，只须"自存本心""保吾心之良"，就可以达到对"理"的把握，亦即他们的"易简功夫"。

包括吕祖谦在内的当时诸多学者认为，朱熹理学与陆九渊心学不同点只在于认识论方面存在一些差异，是事物的一体两面，二者必有可以调和之处。其实，陆九渊心学思想体系一开始就是以做为朱熹理学思想体系的对立面而出现的。朱陆二人的矛盾并不仅仅在于认识论方面，其更深层次的矛盾来自于本体论范畴——

朱熹认为，心的主要功能是认识事物，只有理是事物的本体，而事物的本体，即理，要通过心才能被体认。陆九渊认为，心即理，理在心中，因而他认为只要穷心中之理即可把握万物的本体；

朱熹认为理虽生万物，但理在气（形而下者）中，理一分殊，如月印万川。一理散为万殊，物物各具其理，所以他认为必须即事即物，一一穷究其实理，格物以致其知。陆九渊认为理在吾心之中，吾心即理，吾心即宇宙，因而他主张发明本心，注重反身而求"养心"，只有存心养心的内心自我悟求，才能明心见性。

在为学方面，朱熹注重讲学读书，泛观博览，以穷究万事万物的"理"。陆九渊反对一味讲求读书，认为那是向外驰骛，戕害本心，流于支离，而朱熹却认为陆九渊就内心体悟的认识方法虽说简易，但却会流于禅学。

鹅湖会第一天不欢而散。事后，朱熹批评陆九渊说："子静之学，只管说一个心……若认得一个心了，方法流出，更都无许多事……所以不怕天，不怕地，一向胡叫胡喊……便是'天上地下，唯我独尊'。"这个批评对陆学来说，也算是击中要害了。

虽然到几天后，鹅湖会谈转入其他问题的切磋讨论，讲会气氛暂时趋于缓和，但一旦涉及主要问题，以陆氏兄弟为一方而以朱熹与吕祖谦为另一方的争辩，立马就激烈起来，双方各持己见，相持不下。陆九渊生性自傲，目空一切，朱熹也十分倔强，分毫不让。朱陆之间的"性即理、理一分殊"与"心即理、吾心千古不磨"的矛盾和"即物穷理"与"发明本心"的矛盾，始终没有得到调和。随着论辩的升级，朱熹及其门人索性直接指斥陆九渊之学为禅学。

鹅湖论辩讲学进行十日后，朱陆两派分手告别。结果并没有出现如吕祖谦希望的"归于一"，反而促使双方之间各种矛盾更加清晰地暴露出来。论辩之后，朱陆互相都表示要考虑对方的观点，以克服各自的偏见。他们也的确都对自己的思想学术进行了反思,力图克服偏颇,日趋全面完善。

朱熹从鹅湖寺一回家就在给王子合的信中坦承:"讲论之间,深觉有益。"并且主动写信给陆九渊说:"某未闻道学之懿,兹幸获奉余论。所恨匆匆别去,彼此之怀,皆若有未既者。然警切之诲,佩服不敢忘也。还家无便,写此少见拳拳。"认为陆九渊批评他"支离"乃"警切之诲"。后来他在给张栻的复信中也反躬自责自己的认识方法确有屋下架屋、床上叠床的"支离"之病。他说:"至于文字之间,亦觉向来病痛不少,盖平日解经,最为守章句者,然亦多是推衍文义,自作一片文字,非惟屋下架屋,说得意味淡薄,且是使人看者将注与经作两项工夫做了,下梢看得致力,至于本旨,全不相照,以此方知汉儒可谓善说经者。"表明他在某种程度上接受陆氏兄弟"留情传注翻蓁塞""支离事业竟浮沉"的批评。朱熹在陆氏兄弟批评的促进下,感悟到"以此方知汉儒可谓善说经者",以至他对自己的学术思想体系作了一番检讨,从而产生了飞跃。

鹅湖之会5年过后(1180年),陆九渊来到白鹿洞书院拜访朱熹,请为其兄陆九龄撰写墓志铭,二人一见如故,十分友善,并且表现了互相仰慕之情。朱熹不仅接受了陆的请求,同时还邀请陆九渊为书院师生讲学,陆也欣然同意,他的题目是讲解《论语》"君子喻于义,小人喻于利"章,听者深受感动,给师生们留下了良好印象。这件事说明朱、陆的观点虽有分歧,但他们在学术交往和待人处事的态度上都具有宽豁大度的君子之风。

道德三辩

除了鹅湖之会是朱熹一生中与其他学者学术辩论的"经典案例"外,朱熹与永康、永嘉事功学派的陈傅良、薛季宣、陈亮等人之间的关于道德的辩论也十分引人注目。但由于陈傅良和薛季宣等人对朱熹的批评总是采取回避的态度,因而朱熹与永嘉、永康事功学之间的辩论最终只是与陈亮进行几番论战。

陈亮(1143—1194),字同甫,原名汝能,人称龙川先生,婺州永康(浙江永康)人,南宋思想家、文学家。陈亮在思想学术上是永康学派的代表,他提倡

"实事实功"，有益于国计民生，并对理学家空谈"尽心知性"，讥讽为"皆风痹不知痛痒之人"。讥讽归讥讽，陈亮对朱熹却是个例外。朱、陈二人对于对方的人品与学识一直都互相倾慕。早在淳熙九年（1182 年）正月，朱熹巡历至金华时，陈亮就从永康来访，聚谈十日才分手。初次相会，两人就大有相见恨晚之感。后来到光宗绍熙四年（1193 年）陈亮举进士第一时，朱熹还致信道贺。可惜的是，陈亮还未及到任就辞世了。因为这层关系，朱陈论战虽然在文字上看起来非常激烈，但实际上，朱熹对待陈亮更多的是开导，而陈亮对朱熹后来也由论战转变为向他请益，由论敌转变为师友。

与朱陆论战的殊途同归不同的是，朱陈之辩可谓同途殊归。陆九渊心学理论虽然无论从认识论上还是从本体论上来说都与朱熹理学的认识论和本体论相异，但其二者的旨趣则趋于一致，都是以人本主义伦理政治制度的建立为其最终目的。而陈亮所主张的事功之学与朱熹理学在对以三纲五常为核心的本体"道"本身的看法上，却并无二致。陈亮也提出"道之在天下，平施于日用之间""天地之间，何物非道""道非出于形气之表，而常行于事物之间"等观点。真正成为他们争论焦点的却是同一文化坐标下不同价值取向的归属，即"人怎样才能体道与行道？"对于这一问题，双方各自作出了道德与功利两种相反的回答。

首先，是关于义利王霸的争辩。朱熹强调以道德济世，在他的眼里，道德即是解决一切社会问题的根本。挽救国弱民穷的根本途径，不是发展物质生产，而是加强道德建设，因而他终身服膺和倡导的是建立以孔子仁学为主的人本主义伦理政治体系。这与孟子宣称"王何必曰利"、董仲舒所谓"正其谊不谋其利，明其道不利其功"等是相一致的。而陈亮在此问题上的认识却与朱熹有着完全不同的观点。虽然他也膜拜儒家圣人，排斥佛老，决心弘扬儒家的三纲五常思想，但他又极力标榜功利，大张事功的旗帜，痛斥儒生只知拱手空谈性命道德。他的主要观点就是：一切以事功效用为旨归。道德的思想目的不妨以非道德的功利手段来实现，因为功利的手段往往具有非道德的效果。同样地，功利的思想目的往往以非功利的道德手段来实现，因为道德的手段往往具有非道德的功利效果。对此，陈傅良把陈亮的思想归纳为："功到成处，便是有德；事到济处，便是有理。"而朱熹却指斥陈亮之学"义利双行，王霸并用"。

其次，是关于三代汉唐的争辩。从唐中期以后的儒学思想家们，大多宣称"及孟子没，而其传泯焉"，以至"千百年之间""只是架漏牵补过了时日"，因而朱熹认为天理流行的社会只有在孔孟之前的"三代之治"中才能寻觅得，而孔孟之后的千五百年间，都只是人欲横行。朱熹据此得出结论："三代以道治天下，汉唐以智力把持天下。"为此，陈亮反问道："千五百年之间，天地亦是架漏过时，而人间牵补度日，万物何以阜蕃，而道何以常存乎？"因而他认为"汉唐之君本领非不洪大开廓，故能以其国与天地并立，而人物赖以生息"。"亮深恐儒者之视汉唐，不免老庄当时之视三代也。"因而，如果"儒者之说未可废者，汉唐之心迹未明也"。朱熹一直迟迟不与详辩，只是作一般性的回函。直到淳熙十一年（1184 年），陈亮因家奴杀人而受牵连被诬陷，朱熹觉得他已经心性缓和了，才坚持自己的观点说："若高帝则私意分数犹未甚炽，然已不可谓无。太宗之心，则吾恐无一念不出于人欲也！直以其能假仁借义以行其私，……其间虽或不无小康，而尧、舜、三王、周公、孔子所传之道，未尝一日得行于天下之间也。"朱熹要求万人之上的"君"也得同"民"一样修身养性，正心诚意，应致力以行尧舜之道，不得独断妄为。平心而论，陈亮的历史观点较为合乎事实，但他不理解朱熹"致君尧舜上"的政治抱负，因而二人的辩论无法继续进行，最终因为陈亮屡遭迫害而停止。

第三，是关于"成圣成人"的争辩，也就是道德修养的最终目标。朱熹终生以醇儒自律，在陈亮出狱后，给他去了一封信，像一位长者谆谆教诲陈亮也要像他一样以醇儒自律，以求得避祸全身。但陈亮并不理会，他反唇相讥，贬抑朱熹的"儒者"只是他成人之学中"之大者耳"，认为"天地人三才，人生只是要做个人"。而对于儒者所谓学以成圣，陈亮又认为："圣人，人之极则也。如圣人，方是圣人。"他把朱熹学以成圣的最终道德目标都一并划归到他的成人之学的范畴之内，"谓之圣人者，于人中为圣"。这便不为包括朱熹在内所有儒者不能容忍。朱熹的高足詹体仁甚至"每读亮于门下书，则怒发冲冠，以为异说。每见亮来则以为怪人，辄舍去不与共坐"。但朱熹与陈亮之间的往来仍然非常友好，陈亮还连续几年一到秋天待家里蜜桔熟了，便派家奴挑一些，千里迢迢送给朱熹品尝。朱熹依旧循循善诱，希望陈亮能够以醇儒自律，放弃他的义利双行、王霸并用之学，否则，"不惟老兄为有识者所议，而朋友亦且陷于收司连坐之法"，提出"若犹未以为然者，即不若姑置是事，而且求诸身，不必徒为哓哓，无益于道，且使卞庄子之徒得以窃笑于旁而阴行其计也"，希望两人暂时搁置争议，以免为奸人所陷。不幸的是，陈亮最终还是屡受统治者的迫害以至英年身殒。

第四章　朱熹哲学思想

理学是宋元明清时期的哲学思潮，是对儒学的发展，是相对先秦儒学而言的新儒学，又称道学，是中国儒学发展历程中第二个阶段的代表。它产生于北宋，盛行于南宋与元、明时代，清中期以后逐渐衰落，但其影响一直延续到近代。广义的理学，泛指以讨论天道性命问题为中心的整个哲学思潮，包括各种不同学派；狭义的理学，专指程颢、程颐、朱熹为代表的，以"理"为最高范畴的学说，即程朱理学。理学是北宋以后社会经济、政治发展的理论表现，是中国古代哲学长期发展的结果，特别值得一提的是，它是批判佛、道哲学的直接产物。理学在中国哲学史上占有特别重要的地位，它持续时间很长，社会影响很大，讨论的问题也十分广泛。而作为理学的集大成者，朱熹的理学思想就成为整个理学体系的一个代表。

理学流派纷纭复杂，北宋中期有周敦颐的濂学、邵雍的象数学、张载的关学、二程的洛学、司马光的朔学，南宋时有朱熹的闽学、陆九渊兄弟的江西学，明中期则有王守仁的阴阳学等等。尽管这些学派具有不同的理论体系和特点，但按其基本观点和影响来分，主要有三大派别，即以张载为代表的"气一元论"哲学；以二程、朱熹为代表的"理一元论"哲学；以陆九渊、王阳明为代表的"心一元论"哲学。其中程朱理学，就是被后世的研究者定位的狭义理学，也即本书所指的理学。

概括说来，理学讨论的问题主要包括以下三方面内容，每个派别的理学家们的主张都不一样：

第一是本体论问题，即世界的本原问题。理学家们的共同点是都否认人格神和彼岸世界的存在。不同的是，张载提出气本论哲学，认为太虚之气是万物的本原；二程建立"天即理"的理本论哲学，认为观念性的理是世界的本原；朱熹提出理为"本"，气为"具"的学说；陆九渊、王阳明以心为本原，认为"心即理也"。

第二是心性论问题，即人性的来源和心、性、情的关系问题。张载提出"天地之性""气质之性"和"心统性情"的学说，认为天地之性来源于太虚之气。程颢提出了"心即天"以及"性无内外"的命题，把心、性、天统一起来。程颐则提出"性即理"的命题，把性说成形而上的理。朱熹认为心之本体即是性，是未发之中；心之作用便是情，是已发之和；性和情是体和用关系，而心是"主宰"。陆九渊认为，心即是性，即是理。王阳明则提出心之本体即是性，即是至善。

第三是认识论问题，即认识的来源和认识方法问题。张载首先提出"见闻之知"与"德性之知"两种知识，并提倡穷理尽性之学，成为理学家共同讨论的问题。二程提出"格物致知"的认识学说；朱熹提出"即物穷理"的系统方法；陆九渊强调"反观"；王阳明则提出"致良知"说，认为格物致知就是致吾心之良知于事事物物，从而完成由内向外的认识路线。

作为封建社会地主阶级新的思想理论体系，理学一度对当时社会的发展起过正面的作用。它在思辨哲学方面的发展，无疑是人类历史上的一大进步。对于日本、朝鲜的历史发展，理学也曾发生相当大的影响。但是，理学在强化封建礼教、维护宗法等方面，随着中国封建社会的不断发展，越来越起着消极乃至反动的作用。

朱熹继承了唐代韩李学派以来的"辟佛老，复孔孟"的传统，吸取了道家和佛家的思辨哲学，创立了中国哲学史上最庞大、最精深的新儒学体系，不仅恢复了儒家的道统，且统领了各派义理，成为中国历史上自孔子以来最伟大的思想家。因此，准确地说，中国哲学只是到了朱熹那里才有了真正完备的形态。从宋末开始，朱熹的哲学在封建社会中成为现实皇权的精神象征，康熙称它为现实的封建秩序"立亿万世一定之规"，因此，朱熹哲学自1209年到1919年"五四运动"的710年间，尤其自1313年元仁宗诏告天下以朱注《四书》科考取士的600年间，朱熹及其理学被奉为一尊，居于神圣不可动摇的地位。

理气之论

朱熹的一生志在树立理学，使之成为统治思想，所以，他的主要成就也集中在哲学和教育学上。朱熹融合了儒、释、道等各家哲学观点，继承和总结了北宋以来道学家的思想，通过质疑、推进、发展、创新，最终实现儒学的哲理化、系统化，构建起融自然、社会、哲学、伦理于一体的思想体系。同时，通过长期讲学，广收门徒，朱熹培养了大量学生。这些学生广泛地传播了朱熹的理学思想学术体系，扩大了朱熹思想的影响，并最终形成以朱熹为核心的、有力量、有影响的学派，将儒学的发展推上了一个新的高峰，影响此后中国思想学术的发展达六七百年之久。

朱熹作为宋代理学的集大成者，他汲取了周敦颐、邵雍、张载、二程各家的学说，兼采释、道各家思想，形成了一个庞大的哲学体系，构造了一个更加严密而完整的以"理"为核心范畴的理气论。

理、气，是朱熹理学思想体系的哲学本体。朱熹所谓的理，有几方面互相联系的含义，即理是先于自然现象和社会现象的形而上者；理是事物的规律；理是伦理道德的基本准则。朱熹认为，宇宙万物都是由"理"和"气"两方面构成的。朱熹的理，是天下万物得以生成的内在总依据，是形而上的，是"生物之本"，而气则是天下万物得以成形的物质材料，是形而下的，是"生物之具"。他说："天地之间，有理有气。理也者，形而上之道也，生物之本也。气也者，形而下之器也，生物之具也。是以人物之生，必禀此理，然后有性，必禀此气，然后有形。"由理气论引申到理事论，朱熹进一步发挥了程颐关于理事的"体用一源，显微无间"，认为一切事物中都有理，理虽无形迹，但却包含了事物的本质及其发展的可能性。

气是朱熹哲学体系中仅次于理的第二位的范畴。它是形而下者，是有情、有状、有迹的；它具有凝聚、造作等特性。它是铸成万物的质料。天下万物都是理和质料相统一的产物。朱熹认为理和气的关系有主有次。理生气并寓于气中，理为主，为先，是第一性的，气为客，为后，是第二性。

对于理与气的关系，首先，朱熹认为，理作为形而上存在与形而下的气是截然分隔的。他说："所谓理与气，此决是二物。但在物上看，则二物浑论，不可分开各在一处，然不害二物之各为一物也。若在理上看，则虽未有物，而已有物之理。然亦但有其理而已，未尝实有是物也。"其次，朱熹认为，理与气存在着一定的次序和派生关系。他说："未有天地之先，毕竟是先有此理。"又说："理与气本无先后可言，但推上去时，却如理在先气在后相似。"朱熹虽然认为理与气"决是二物"彼此分隔，且"理先气后"，但他又认为这仅仅是逻辑上的创设，因而他又强调理气相即。对此他说："然理又非别为一物，即存乎是气之中，无是气，则是理亦无挂搭处。"就这样，朱熹通过对理、气这两个概念的阐述，以及对它们互相之间关系的界定，从而确立了他的理学思想体系的本体，奠定了他理学思想大厦的基础。

到了晚年，朱熹的理气思想终于发生了变化，他的理气论所要确立的思想目标是，既要肯定理在空间关系上是世界万物的终极存在，又要肯定理在时间关系上也是终极存在，还要使理在这两种关系上不产生矛盾。于是，他提出了一种新的说法。即以逻辑上的因果关系取代时间上的因果关系。一方面，理是与天地万物并存但能决定天地万物的空间关系上的终极存在；另一方面，理在逻辑上是产生天地万物的第一原因，朱熹肯定这种逻辑上的因果关系"却如理在先、气在后相似"，因而它仍然肯定了理作为世界万物在时间关系上的终极存在。尤其重要的是，这两个命题并不矛盾，因为理虽然能作为产生天地万物的第一原因，但并不意味着时间的开端处有一个脱离天地万物的理存在，理只是产生天地万物的逻辑上的原因，理作为气物的终极存在则始终与气物并存于空间之中。

综观朱熹一生理气思想的发展历程，我们可以归结为三个阶段，也就是三种不同说法的变化发展过程。在第一阶段，他着眼于空间结构的形而上与形而下的区分，确立了以理为本的学说。到第二阶段，他着眼于时间上的因果关系，提出了"理能生气"的本体学说。只是到了第三阶段，他才提出理"逻辑在先"的学说，使得理在时间和空间两个向度上皆成为宇宙世界的终极存在。

理一分殊

朱熹确立了以理为本的宇宙本体论，将整个宇宙的本原归结为"一理"。但是实际上，这个"一理"就是天下万事万物中的具体准则、规律，即从"万理"中抽象而成。那么，在朱熹的理学体系中，这个"一理"与"万理"是一种什么关系呢？朱熹用一个十分重要的思想——"理一分殊"来阐述。"理一"是指宇宙本体之理的惟一性，"分殊"则是指天下各种事物中"万理"的个别性和多样性。

理一分殊，是朱熹理学思想体系的形上架构。这种思想观念的提出，始于北宋的周敦颐，其后又有二程及张载等人对其也作了许多阐释。但真正较为系统地论述，并予以完整地建构的，还是后来的朱熹。而所谓理一分殊的建立，说开来就是阐释作为天地万物形而上先验存在的理（道）与形而下的气（器）之间的关系。朱熹认为，它们之间的关系是"一"与"多"的关系，他说："太极只是天地万物之理，在天地言，则天地中有太极，在万物言，则万物中各有太极。"又说："理一分殊，合天地万物而言，只是一个理，及在人，则各自有一个理。"对于这，他还援引佛教禅宗"月印万川"的譬喻来阐释："如月在天，只一而已，及散在江湖，则随处可见，不可谓月已分也。"而对于理（太极）的流行化生，他又说："如一木生上，分而为枝干，又分而生花生叶，生生不穷。到得成果子，里面又有生生不穷之理，生将出去，又是无限个太极，更无停息。"

朱熹在阐发"理一分殊"时，从各个角度、对各种含义均作了论述。

对于宇宙本体与万物本性的关系，朱熹认为，宇宙的本原是"一"，这个"一"可以不同地称之为"理""太极""道"，但所指均是这个"一"。然而，在经过了理（太极）——气（阴阳）——万物的生化过程，"一"就生化出"多"（"万"）来，同时"多"（"万"）中也具有了"一"的本性，这就出现了"理一"与"分殊"的关系，但这个"理一"指的是体，这个"万殊"同样是体，他说："二气五行，天之所以赋受万物而生之者也。自其末以缘本，则五行之异，本二气之实。二极之实，又本一理之极。是合万物而言之，为一太极而一也；自其本而之末，则一理之实，而万物分之以为体，故万物之中各有一太极。"

对于一般原理与具体法则的关系，朱熹不仅认为它是指伦理意义上的一般道德原则和个别道德规范的关系，而且也是指在自然社会中广泛存在的一般和个别的关系。他曾反复强调各种具体事物均各有其不同的道理，他说："花瓶便有花瓶底道理，书灯便有书灯底道理，水之润下，火之炎上，金之从革，木之曲直，土之稼穑，一一都有性，都有理。人若用之，又著顺它理始得。若把金来削做木用，把木来熔作金用，便无此理。"

通过这各个方面的阐释，朱熹理一分殊形上架构便建立完成，正好为他的理学思想提供了一个极具辨证的有机理论体系。

首先，就理一而言，朱熹强调理为天地万物的先验存在，即本体。其次，就分殊而言，他又强调天地万物"各自有个道理"，各各都有其特殊性。同时，他又将天在万物分为动物、植物、非生物三类，并认为"是虽其分殊其理则未尝不同"。因此，可以看出，朱熹是非常辨证地看待整体与个别、共相与殊相的关系的。

朱熹通过对理一分殊进行系统的阐释，完整地建立了一个以理为核心的先验形而上学思想体系，并且较为完善地解决了在封建社会里，长期围绕在中国人心灵深处的宇宙本源与世界万物，宇宙本体与万物之性，以及理与事之间的关系的问题，朱熹也因此而奠定了他在整个宋代理学思想文化群体中集大成者的地位。

心性之论

朱熹提倡的理学是以"性即理"为理论基础的。"性即理"这一说法在《中庸》首章的解释中阐述得非常清楚。先秦儒家并没有以"性"为"理"的主张，朱熹"性即理"的说法在当时是一种异说。朱熹说："性，即理也。天以阴阳五行化生万物，气以成形，而理亦赋焉，犹命令也。于是人物之生，因各得其所赋之理，以为健顺五常之德，所谓性也。率，循也。道，犹路也。人物各循其性之自然，则其日用事物之间，莫不各有当行之路，是则所谓道也。修，品节之也。性道虽同，而气禀或异，故不能无过不及之差，圣人因人物之所当行者而品节之，以为法于天下，则谓之教，若礼、乐、刑、政之属是也。"

按照他的讲法，天以阴阳五行化生万物，人禀气而成形，理即寓于其中。由于人受天命而生，他所禀受的就是人性，因此，性也就是理。在这个意义下，性是人的共性而理即是天理。但是，个人受自天命的性又因气禀不同而各有特点，因此，性又包含人的个性。由于个性的作用，普遍的天理在具体情况显现的时候就容易会出现偏颇。每一种偏颇的理就像是一条小路幽径，当世界上只有一条小路幽径存在的时候，这条小路幽径自然不会跟其它小路幽径冲突，造成互相堵塞，捍格不通。

朱熹十分重视关于心、性、情的特点及其相互关系的研究和思考，经过一番艰苦的探索终于获得"心统性情"的思想，与"理一分殊"一起构成朱熹理学思想体系中心性学的两大主题。

心统性情这一命题的提出，是始于北宋的张载，但最终集大成者仍然是朱熹。张载说："心统性情者也。有形则有体，有性则有情。发于性则见于情，发于情则见于色，以类而应也。"张载对这个重要论点语焉不详，其中所蕴含的思想未能阐发出来。

朱熹认为，所谓心，指的是人的思维功能，"夫心者，人之所以主乎身者也"。而所谓"性者，心之理也，情者，心之用也"，以性为心之体，情为心之用。从心之未发已发意义上说，未发者为体，已发者为用。未发为仁、义、礼、智之性，为体；已发为恻隐、羞恶、恭敬、是非之情，为用。而对于心统性情之统字，朱熹认为既含有兼义，又含有主宰、统帅之义。张载根据孟子"尽心知性知天"的理路，向内尽心，认为"大其心则能体天下之物"，由"心各见本性"，即识心见性，而确证他的"心统性情"说。

朱熹非常赞赏张载的"心统性情"说，认为"横渠心统性情一句，乃不易之论"，但朱熹不同意张载合知觉与性为心的思想观点，因为心与性无论从性质上，还是从功能上说，都是有分别的。他说："心与性自有分别。灵底是心，实底是性。灵便是那知觉底。"心是虚灵知觉底，性无知觉，是理，这是朱熹对心与性范畴所作的界定。

为避免有人对心、性、情三者范畴的内涵、地位、作用、功能、性质产生歧义和误解，朱熹打了比喻说："性，便是合当做底职事，如主簿销注，县尉巡捕；心便是官人；气质，便是官人所习尚，或宽或猛；情，便是当厅处断事，如县尉捉得贼。情便是发用处，性只是仁义礼智。"又说："心之为物，实主于身。其体则有仁义礼智之性，其用则有恻隐、羞恶、恭敬、是非之情。浑然在中，随感而应。"而就性而言，朱熹又认为有天命之性与气质之性之分。天命之性纯是天理，无不善，而气质之性"则以理气杂而言"，便有善恶，因此，为复尽天理，朱熹特别强调心的主宰作用。虽然人的道德情感活动能否得到心的主宰、控制，既有道德自律涵养心性的问题，也有社会道德良知他律的问题，但朱熹认为最为重要的是道德心的主宰自律，因为道德他律是以每个社会成员的道德自律为基础的。

由于朱熹心性学中的心既主宰性，又主宰情，既包含仁义礼智四德之性，又涵括恻隐、羞恶、恭敬、是非四端之情，因而这样的心与形而上学意义上的心不同，是一个道德心。无论是天性的涵养，还是情欲的发用，都必须以这个道德心来主宰。朱熹这一心性学在强调每个社会成员对自我道德行为、道德活动进行统御和管摄，提高人们的道德素质，改善社会道德环境，有着极其重要的价值和作用，他的理学思想也因此被统治者推崇为万世楷模。今天我们在改善由于片面强调发展物质文明而被损坏的社会人文道德环境，营造崭新的礼仪之邦的工作和学习中，借鉴和发挥朱熹心性学思想观点，仍有其深远的现实意义。

与性虽仅为一性但仍分"天命之性"与"气质之性"一样，朱熹把心分为"道心"与"人心"。这是因为，"心"虽只有一个，即人的知觉的精神活动，但是因引起知觉的原因不同，知觉的具体内容不同，故而才分为"道心"与"人心"，以耳目之欲为内容的知觉活动是"人心"，以道德义理为内容的知觉活动是"道心"。

朱熹认为，那些理想道德人格的"圣人"，其知觉之心能够坚持"以道心为主"，他们也不能没有"人心"；同样，那些违背道德的"小人"，显然是以"人心"为其主宰，但他们亦不会没有"道心"，他说："虽圣人不能无人心，如饥食渴饮之类；虽小人不能无道心，如恻隐之心是。"他所力求证明的是，人必须以自己的道德理性（道心）去主宰、制约一己的自然感性（人心），强调了社会伦理秩序对个体身心的种种约束。这些观点，反映了理学家对道德与情欲关系的基本看法。

致知之论

在朱熹的理学思想体系中，致知论是重要的组成部分。他的天理论是关于宇宙本体的理论，心性论则是关于天理论如何转化为人的本质、人格本体的理论，而致知则是讲人如何体认天理的理论。也可以说，天理论的重点在"天"，心性论的重点在"人"，而致知论的重点则在"天人合一"。理学思想体系的最终目的是指导人们体认、服从天理，从而达到"天人合一"的最高境界。

朱熹发挥了《大学》关于"格物致知"的思想，对"格物"的解释，朱熹认为，一是"即物"，即接触事物，二是"穷理"，即研究物理，三是"至极"，即穷理至其极；对"致知"的解释，朱熹认为是"推极吾之知识，欲其所知无不尽也"，即扩展、充广知识，致知是格物的目的和结果。显然，朱熹的格物致知论，是在探讨作为主体的人应如何体认客观的天理。朱熹认为天下万事万物各有其理，而格物致知则是要体认事事物物中之理，他认为："上而无极太极，下而至于一草、一木、一昆虫之微，亦各有理。一书不读，则阙了一书道理；一事不穷，则阙了一事道理；一物不格，则阙了一物道理。须著逐一件与他理会过。"

总的说来，朱熹的理论是对程颐"格物穷理"认识论的发展。朱熹为了发挥其思想，提出《大学》篇中缺失对"格物致知"的解释，于是还专门作了《补格物致知传》。朱熹认为学者在"即物而穷理"之后，能够服从理、遵循理，这就是"合内外之理"，强调主体由接物穷理到躬行理则的要求。

与格物致知相关的，在知行观上，朱熹提出了"知先行后""知行互发"的观点。知行论中的"知"，就是前面所讨论的"格物致知"的"知"，这个"知"既是指"能知"的认识主体，也是指"所知"的知识对象。而所谓"行"，就是指人们的生活实践，朱熹说："凡日用之间，动止语默，皆是行处。"关于"知"和"行"的关系，向来是儒家和宋代理学家们十分关注的一个重要问题。如《中庸》提出了"博学之、审问之、慎思之、明辨之、笃行之"，《周易·文言》也提出"学以聚之，问以辨之，宽以居之，仁以行之"等等。

"知先行后"的观点并不是朱熹创发的，他继承了《论语》《中庸》《周易》和程颐关于"知先行后"的说法，表达了自己对知、行问题的看法。在先后问题上，他主张知先行后；在轻重问题上，他又主张知轻行重。他认为，一切生活实践的发生，必须以"知"为其必要条件，如果没有"知"的指导，其"行"就是盲目的。

朱熹主张"知先行后"，强调了"知"在时间、秩序上的在先，但他坚持在知、行的关系上"行"才是最重要的。因为从《中庸》的学、问、思、辨、行的五个程序来看，"行"虽排在最后，但只有"行"才是为学的目的和为学过程的完成，也才是检验"知之真不真"的标准。朱熹一方面主张"行"是"知"的目的和完成，认为"夫学问岂以他求，不过欲明此理，而力行之耳。"另一方面，他也主张以"行"来验其"知"，他提出"必待行之皆是，而后验其知至。"他提出："学之之博未若知之之要，知之之要未若行之之实。"

朱熹通过"知行常相须"说明，"知"与"行"是不可分离的，它们必须通过依赖于对方，才能获得自己的发展，这已经包含着"知行互发"的意思。朱熹对二者的关系论证说："知之愈明，则行之愈笃；行之愈笃，则知之益明。"应该如何促进"知行互发"呢？朱熹亦提出了他自己的看法，《语类》载："问南轩云：致知力行互相发。曰：未须理会互发，且各项做将去，若知有未至则就知上理会，行有未至则就行上理会，少间自是互相发。"他认为"知""行"两个方面，哪方面发展不够就理会哪方面，这也势必促进对方发展，达到"致知力行互相发"的目的。

此外，朱熹在论及修养功夫方面，主张"主敬涵养"，不仅发展了程颐"涵养须用敬"的思想，也吸收了程门弟子及他自己的修养体验。朱熹的"主敬"理论突出强调了"未发"，即人在无所思虑及情感未发生时，仍须保持一种收敛、谨畏和警觉的知觉状态，最大程度地平静思想和情绪，这样就可以涵养一个人的德性；此外，朱熹也注意人在动的状态中的"主敬"，这是贯穿于"未发"和"已发"、知和行的全过程。而人们学习和道德修养的目的，朱熹认为就在于"存天理，去人欲"。这一结论一方面有维护封建统治秩序的意味，但另一方面，在伦理学上则有用理性原则来作为社会普遍道德法则的意义。

第五章　朱熹经学思想

　　朱熹作为中国封建社会 13 世纪以来著名的思想家、哲学家、教育家，一生以著述、教学为生，其毕生精力和思想精华都集中在他的著作之中。他的研究触角涉及到儒家经典的所有领域，在哲学、经学、政治、史学、教育、文学上都卓有建树，在书法、音律、经济思想甚至自然科学上也有很高的造诣。其著作内容之繁富，条理之缜密，思想之精深，令后人望洋兴叹。清代学者全祖望在编撰《宋元学案》时曾感慨地称朱子是一位"致广大，尽精微，综罗百代"的大学者。据《四库全书》的著录统计，朱子现存著作共 25 种，600 余卷，总字数在 2000 万字左右，另外由其弟子或后人编纂的著作也有二十余种。这还是个不完全的统计，但仅仅这一组数字已极为可观，足以树起一座辛勤创作的思想家的穹碑。

著述概览

　　朱熹是历史上著名的、对后世影响最深远的经学家。他用毕生精力撰写和反复修改《四书集注》，前后凡 40 年，直至临死前仍在修改《大学章句》中"诚意"一章的注，真可谓孜孜矻矻，死而后已。《四书集注》被历代封建统治者所推崇。南宋宁宗嘉定五年（1212 年），把《论语集注》和《孟子集注》列入学官，作为法定的教科书。理宗于宝庆三年（1227 年）下诏盛赞《四书集注》"有补治道"。宋以后，元、明、清三朝都以《四书集注》为学官教科书和科举考试的标准答案。理学成为官方哲学，占据着封建思想的统治地位，而《四书集注》作为理学的重要著作，也被统治者捧到了一句一字皆为真理的高度，对中国封建社会后期思想产生了深远、巨大的影响。

朱子的著作形态多样，体式各异，呈现出十分丰富多彩的特点。如果对现存朱熹著作作一次全面的调查，我们就会发现他的著作大致可以归纳为以下几种形态：

第一是朱熹对儒家经典或重要文学、文化遗产所作的整理和研究之作。"述而不作"是从孔子即已开始的儒家传统。所谓"述"，实质上是一种借助对儒家经典的注解和诠释来阐发自己思想和理论的创作方式。朱熹是利用这种方式构建自己理学体系最成功和最活泼的学者。他的《四书章句集注》《诗集传》《周易本义》等就是这一类著作中的代表。但朱子又绝不是个"不作"者，他以大量严谨的理论著作为自己的理学大厦奠定了基石，即他的第二类著作。《太极图说解》《西铭解》等是其哲学思想的高度结晶，《通鉴纲目》《名臣言行录》等是其史学理论的集中展示，而一部《晦庵文集》则是他理学思想的最后集结。

朱熹的第三类著作，如《楚辞集注》《韩文考异》等是对前代学术遗产的整理和研究，不仅显示出朱熹深厚和广博的学术功力，更表明了他在不同时期的学术取向。为前代理学家编纂遗文，是朱熹著作的第四种类型。他为程颐、程颢编了《二程遗书》《二程外书》，为谢良佐编了《上蔡语录》，还为他的父亲朱松编了《韦斋集》。此外，朱熹还有一部与友人合作的著作《近思录》。这是他居丧期间在寒泉精舍为母亲守墓时与吕祖谦共读周敦颐、程颐、程颢、张载的著作，共同编选而成。这是一本被称为"我国第一本哲学选辑之书，亦为北宋理学之大纲，更是朱子哲学之轮廓"的重要著作。

以上的四类加一种的分类法是按照朱熹著作的创作方式，如果从这些著述的内容和成就上来体现的话，也可以分为下面四个大类：

第一，为构建庞大的理学思想体系的著作。朱熹继承和融合了北宋以来儒、释、道家思想，将其发展创新，完成了儒学的哲理化、系统化，构建了融自然、社会、伦理于一体的思想体系。这一体系被公认为是规模最庞大、论证最细密、条理最清晰的理论之一。朱熹认为"理"是宇宙天地万物的本原，也是人类社会最高的道德伦理原则，他一生致力于宣扬理学，回答了当时所能回答的一系列问题，从而使儒学真正摆脱几百年来佛教与道教的冲击，重新恢复了权威和思想主流。辨伪存真，校勘整理了儒家经典著作。对《易》《书》《诗》《礼》等儒家传统经典进行了系统整理，还作了深入研究。更重要的是，朱熹倾注毕生心血，撰成《四书集注》，确立并巩固《四书》并驾于"五经"（或曰六经）之上的地位。自南宋末，历元明清，700 年来朱熹的学说被奉为官方意识形态，科举考试以朱子注释的《四书五经》作为标准教材。

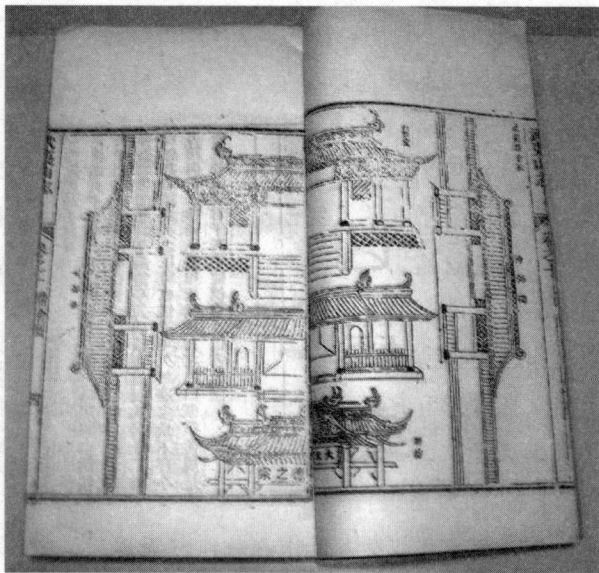

武夷精舍布局

第二，为阐述教育理论和实践上的重大创新的著作。朱熹一生绝大多数时间都在讲学，即使是从政期间也不间断。他每到一地，都要整顿县学、州学，大力倡导教育。先后创办了武夷精舍、晦庵草堂、考亭书院等 4 所书院，恢复了白鹿洞书院、岳麓书院、湘西精舍等 3 所书院。此外，朱子读书讲学的书院有 47 所，题诗题词的书院有 13 所。根据陈荣捷先生《朱子门人》一书考证，朱门弟子多达 476 人。仅此而论，朱熹堪称中国教育史上仅次于孔子的教育家，他和孔子都被后世尊称为"夫子"。他的教学方法，特别是读书法，也为历代学者所传诵，他的教育实践不仅促成了他自身思想体系的完善，而且在中国学术思想上也有独特的意义，他是"宋明讲学精神"最杰出的代表，是这一时期最伟大思想家、教育家。

第三，撰写的诗词和文章。朱熹的散文平正畅达、简洁明快，自成风格，还留下了大量论断精辟的论文、论诗文章，现存朱熹诗词多达 1200 余首，其山水风景诗清丽流转，咏怀诗沉郁真挚，哲理诗更是独步诗坛。因此，朱熹也不愧为一位学贯古今的学者和才华横溢的诗人和散文集。

第四，为表达治国安邦策略的理论著作。作为伟大的爱国者，朱熹对北伐中原、收复河山颇有建言，他系统地论证了为君之道和为臣之道，开出了正君心、立纪纲、明人伦的救世良方。可以说，朱熹在中国政治思想史上也占有很重要的地位，其有关为政的大量著述堪为后世治世宝典。

《五经》之学

经学与理学本有很大区别：经学是一种训释经典的学问，而理学则主要是关于宇宙、社会、人生的哲学。周予同先生曾说："经学与哲学，就性质言，实各自异趣。哲学着重予个人之理智的探索，故怀疑为创立新解之利器；经学则不免趋重于宗教性之因袭的训释，故怀疑之结论每易起无谓之纷扰。"按照他的看法，"宋儒皆以经学为其哲学之工具，故哲学虽若可观，而经学每多疵累。"但对于朱熹来说，理学与经学是一个整体。他的理学思想是通过对儒家经典的训释、阐发而建立的，理学的基本思维方式、概念体系主要来自于儒经；他的经学成就主要是阐发儒家经典中的义理，建立起一套以宇宙本原、社会伦常、人生理想为主要内容的新经学。故此，我们把他在经学上的成就放在这一章节一起介绍。

朱熹的经学主要集中"探幽《五经》、发微《四书》"上，代表了中国经学史发展的一个重要阶段和主要流派——宋学，是经学史上的代表人物，被誉为"进学甚力，乐善畏义，吾党鲜有"，对经学史的变革与发展起了很重要的推进作用。

朱熹治经，既重汉唐注疏，又不一味推尊，其方法如他在《论语训蒙口义》中所说的："本之注疏以通训诂，参之释文以正其音读，然后会之于诸老先生之说，以发其精微。"正如钱穆指出的："朱子于经学，虽主以汉唐古注疏为主，亦采北宋诸儒，又采及理学家言，并又采及南宋与朱子同时之人。其意实欲融贯古今，汇纳群流，采撷英华，酿制新实。此其气魄之伟大，局度之宽宏，在儒学传统中，惟郑玄堪在伯仲之列。惟两人时代不同，朱子又后郑玄一午年，学术思想之递衍，积愈厚而变益新。朱子不仅欲创造出一番新经学，实欲发展出一番新理学。经学与理学相结合，又增之以百家文史之学。"努力把训诂与义理结合起来，这是朱熹对经学的一大贡献。

鹅湖之会的第二年三月，朱熹去婺源，蔡元定去浙中，二人相约同行到达衢州。吕祖谦也从金华赶赴衢州，相会于开化县汪氏的听雨轩，作了七八天的交流。这次三衢之会，朱熹和吕祖谦在《诗》经学上第一次爆发了争论；在《尚书》学上的分歧也初露端倪；《易》学上的观点形成对立。朱吕在三衢之会上争论最热烈的是《春秋》学与史学；《礼》学方面也进行了讨论；还有一个焦点就是儒佛之辩，朱熹在三衢之会前得到一本理学杂糅儒佛的典型著作，朱熹专门写了《杂书记疑》一文加以批判。三衢之会是朱熹经学与理学思想发展的又一个重要里程碑。如果说寒泉之会表明了朱熹同吕祖谦两人理学思想的一致，那么三衢之会却表明了朱吕两人经学思想的对立；如果说寒泉之会朱熹和吕祖谦共同以《近思录》对周张二程理学作了历史性的概括总结，那么三衢之会朱熹以《杂书记疑》对二陆心学作了现实的批判清算。

在鹅湖之会归来后，朱熹发现《易经》原来是一部卜筮用的书，这成了他由《易》学义理派进而转向象数派的信号。《易》在秦朝时还是归入医卜书类，但从汉朝被抬高成为儒家的神圣经典以后，这本书就罩上了一重重神秘的迷雾。朱熹从程氏悬空说义理的玄学太空回到了探索《易》经卜筮本义的实地，逐步形成"三圣易"的易学基本思想：即伏羲有伏羲之《易》，文王有文王之《易》，孔子有孔子之《易》。

朱熹对北宋以来图书学派在《易》学方面的成果给予了充分肯定和高度评价，肯定了伏羲之《易》与图书之学的联系，认为："古人淳质，初无文义，教画卦爻以开物成务。"对于文王之易，朱熹认为，由于后世学者不能掌握《周易》本为卜筮之书这一特点，故而义理派出现"支离散漫而无所根著"的毛病，而象数派则有"牵合附会"的种种弊端。而自己在注释《周易》阐发《易》学思想时，突出其象、占的特点。另外，朱熹认为程颐《易》学是义理学，邵雍《易》学则是象数学，两家《易》学的共同缺陷是没有研究"占"。朱熹的历史任务就是要建立程颐、邵雍遗弃的占学，真正把《易》当作一部卜筮之书来研究。于是，他对求卦手段的著法做了大量的研究与考证，通过对古文献的考辨，探讨"大衍筮法"这种以著求卦的具体手段，著有《筮仪》《著卦考误》等，对卜筮时用的以著求卦做出了有学术价值的探索。后来，朱熹在《易学启蒙》一书中探明占卜之法，确立了图书象数学的方法论；又在《周易本义》一书中探明卦爻的原始本义，确立设卦观象玩占知变而明其理的占学原则。

所谓"孔子之《易》"是指《易传》。《易传》包括《象》上下、《系辞》上下、《文言》《说卦》《序卦》《杂卦》等十篇，称"十翼"。《易传》是对《易经》中所蕴含义理的阐发，相传为孔子所作。朱熹认为"夫子读《易》，与常人不同。是他胸中洞见阴阳刚柔、吉凶消长、进退存亡之理。其赞《易》，即就胸中写出这道理。"他充分肯定了程颐的《易传》所阐发的义理之学，并希望学者们认真研读程子《易传》，主张"后之君子诚能日取其一卦若一爻者熟复而深玩之"。

朱熹离经叛道的《诗》学也经历了与他《易》学一样的同步演进。在三衢之会后，他从开始质疑《毛序》转向了存《小序》而解《诗》的阶段，在淳熙四年再次修订，十月正式序定了修改过的《诗集解》。淳熙六年（1179 年）冬天，朱熹以尽破《小序》臆度，跳出《小序》旧说窠臼为主旨，解《诗》体系根本一变，写出了尽弃《毛序》而成的《诗集传》的初稿，并寄给吕祖谦。废《毛序》还是主《毛序》成了朱吕《诗》学争论的焦点。朱熹的《诗集传》因为亵渎了千年以来被看成是圣人遗意所传的《毛序》诗说，初稿一出便成了众矢之的。朱熹还是走自己的《诗》学新路，淳熙七年（1180 年）他进而思考雅郑之辨，开始再次修订《诗集传》。《毛序》解《诗》的基本诗说是美刺说，以为《诗》三百篇篇都有美刺的深意，甚至把描写男女私情的《郑风》也说成是政治讽刺诗，后人更认为《郑风》与被称为"淫声"的郑声是两回事，应当在"诗三百"篇外别求郑声，以维护孔子"思无邪"的千年诗教。朱熹发现诗经中的《郑风》就是郑声，儒家圣经《诗经》三百篇中也有男女私奔淫乱的诗作，千年来的美刺说不攻自破。从而朱熹抛弃传统解《诗》的美刺说，确立了自己经传相分、就经说经的解经原则。坚守《毛序》圣殿的吕祖谦不能再沉默了，他对朱熹进行了前所未有的激烈批评，但并不能说服朱熹，朱熹反而更充满自信对《诗集传》进行全面修改，只是因为先后在南康和浙东任职，断断续续修改到了淳熙十一年（1184 年）才定稿。

《尚书》是经学中的重要典籍之一。朱熹对《尚书》虽无专门研究著作，但在《尚书》学方面做出了极有价值的学术探索，在经学史上很有影响。他指出："汉儒以伏生之书为今文，而谓安国之书为古文。从今考之，则今文多艰涩，而古文反平易。……至诸序之文，或颇与经不合，如《康诰》《酒诰》《梓材》之类。而安国之序，又绝不类京西文字。亦皆可疑。"提出了《尚书》及其序文皆为伪书这一明确的结论。

《礼经》通常是指"三《礼》"，即指《周礼》《仪礼》《礼记》。朱熹也曾广泛地考证过古礼，他说："《周官》一书，固为礼之纲领。至其仪法度数，则《仪礼》乃其本经，而《札记·效特牲》《冠义》等篇，乃其义说耳。……故臣顷在山林，尝与一二学者考订其说，欲以《仪礼》为经，而取《礼记》及诸经史杂书所载有及于礼者，皆以附于本经之下，具列注疏诸儒之说。"另一方面，朱熹总是将《礼》学研究与日用生活、社会伦常结合起来考察，力图能通经致用，主张考礼应通现世人情，切实可行。

在《五经》的研治方面，朱熹对《春秋》经用功最少。但是他对《春秋》学仍发表了不少精辟的见解。他说："《春秋》大旨，其可见者：诛乱臣，讨贼子，内中国，外夷狄，贵王贱伯而已。"他对程颐等以义理解《春秋》，也颇赞成，认为："程子所谓'《春秋》大义数十，炳如日星'者，如'成宋乱'、'宋灾故'之类，乃是圣人直著诛贬，自是分明。"

探求本义向来是朱熹经学追求的最高目标，他在《礼》学上打起恢复古礼的旗号，同他在《易》学打三圣《易》《诗》学打黜《毛序》旗号一样，都体现探求本义的求实精神。朱熹对五经学的总结，同他的四书学相比，更多地具有告别旧说的性质，但它依旧是一个充满变古怀疑精神的经学体系，显示出他的五经学比他的四书学更少依傍理学先辈之说，大多出于己见的特点。

《四书》之学

在经学方面，朱熹有许多著作，如：《易》有《周易本义》《易启蒙学》《著卦考误》《易传》《古易音训》《损益象说》《易答问》《朱文公易说》等；《书》有《书古经》《书传辑说》《书说》《文公书说》《书经问答》等；《礼》有《仪礼经传通解》《仪礼经传图解》《朱子井田谱》《礼记辩》《仪礼经传通解续》《朱子礼纂》等；《孝经》有《考经刊误》《考经存异》；《四书》有《四书集注》《四书或问》《论孟精义》《中庸辑略》《大学集传》《大学详说》《大学启蒙》《论语要义》两种、《论语训蒙口义》《论语详说》《孟子集解》《孟子问辨》《四书音训》等。在这些著作中，影响最巨的无疑当推《四书集注》。朱熹自三十岁开始研治《论语》《孟子》，到六十七八岁时仍在刻苦钻研、修改著述，历经了"四十余年理会"的艰辛工作，诚如他自己所述："某于《语》《孟》，四十余年理会。中间逐字称等，不教偏些子，学者将注处宜仔细看。"他对《大学》《中庸》两书，也同样是"毕生钻研，死而后已"。

《四书集注》包括《大学章句》《中庸章句》《论语集注》《孟子集注》。在汉唐时期以"五经"为主体的经学体系中，《诗》《书》《礼》《易》《春秋》各有所长，构成了一个具有内在联系的完整体系。西汉董仲舒说："六学皆大，而各有所长。《诗》道志故长于质；《礼》制节，故长于文；《乐》咏德，故长于风；《书》著功，故长于事；《易》本天地，故长于数；《春秋》正是非，故长于治人。"唐以前，《论语》和《孟子》尚未正式列为经书；《大学》和《中庸》是《礼记》中的两篇，未有特殊的地位。将"四书"并列，始之于二程，而四书之正式结集则成于朱熹，成为一个各有特点、且具有内在联系的完整的新经学体系。

在《大学章句》和《中庸章句》的序中，朱熹说明他重视四书的用意，是由于汉唐以来儒家经学只注意"记诵词章"，道、释异端"虚无寂灭之教"流传，以至儒学道统到孟子之后不得其传；二程、朱熹提出四书，正是要"接乎孟子之传"。朱熹认为《大学》是"古之大学所以教人之法"，学者必由此入门，才能达于圣学。他作《大学格物补传》，强调"即物而穷其理""至于用力之久，而一旦豁然贯通焉，则众物之表里用粗无不到，而吾心之全体大用无不明矣。"他认为《中庸》是"孔门传授心法"，阐明先圣之道，提挈纲维，开示蕴奥，没有一本书如《中庸》这样明白而详尽。至于《论语》《孟子》，朱熹引用程颐的话，说："学者当以《论语》《孟子》为本。《论语》《孟子》既治，则六经可不治而明矣。"朱熹推崇孟子，认为孟子大贤，亚圣次之。从此孔孟并称。

朱熹的《四书章句集注》问世，标志着以"四书"为主体的新经学体系的成型。它之所以能够代表着一种新经学形态，确实是由于这部书具有许多以往经学史上所不曾有的新的范畴、新的观念、新的解释方法。在这部书中，朱熹建立了一套自己的经说训释系统，并影响了以后的中国有七八百年之久。

朱熹于淳熙十六年（1189年）正式序定《四书集注》，确立《大学》→《论语》→《孟子》→《中庸》的四书学体系逻辑顺序，《大学》定规模，《论语》立根本，《孟子》观发越，《中庸》求精微，构成以复性为根本旨归的理学体系的内在结构。把《大学》放在首位，就是要求人们对他的理学思想先从总体的把握入手；《论语》和《孟子》一个讲复礼归仁，一个讲尽心知性，是对《大学》中这种复性思想的具体展开；而《中庸》指示人们通过"人性惟危，道心惟微，惟精惟一，允执厥中"这十六字孔门心法以道心克服人心，达到天理善性的复归，所以殿之于后。

朱熹从淳熙元年（1174年）开始，对两三年前也就是乾道七年（1171年）和八年（1172年）草成的《大学章句》和《中庸章句》重新删订，开始向四书经学体系的迈进。《大学章句序》和《中庸章句序》是朱熹四书学的代表作，这两部作品的内容之一，是将伏羲、神农和黄帝引入道统，置于尧舜之上，并将道统心传之原上溯至太极。朱熹用《大学》"致知在格物"的命题，探讨认识领域中的理论问题。在认识来源问题上，朱熹既讲人生而有知的先验论，也不否认见闻之知。他强调穷理离不得格物，即物才能穷其理。朱熹探讨了知行关系。他认为知先行后，行重知轻。从知识来源上说，知在先；从社会效果上看，知轻行重。而且知行互发，"知之愈明，则行之愈笃；则知之益明"。

《论语》应该是朱熹用功最勤的经典。朱熹作《论语集注》时，除了在对汉魏以来的注疏成果有所继承的基础上，对音读训诂的工夫、名物制度方面有所发展外，更为关注的，主要还是《论语》中的道德义理。他认为《论语》能够"立其根本"，其原因也在于此。通观《论语集注》一书，可以发现，朱熹对《论语》的解说观点，已不同于汉魏以来各家解说。首先，从他引证的注说来看，二程及其门徒的言论占了主导地位，如第一篇《学而》引二程十三处，第二篇《为政》引二程十处，第三篇《八佾》引二程七处，其他所引也主要是程门大弟子谢良佐、游酢、杨时的注说。同时，朱熹解说《论语》的观点，鲜明地体现出理学家解经的学风，即不重名物训诂，偏爱阐发道德义理，尤其喜用理学家们自己"发明"的许多概念、思想去解说《论语》，以此服务于他们建构理学思想体系的需要。

关于《孟子集注》，朱熹同样不仅大量地继承了汉唐学者的注疏成果，更为重要的是在学术史上表现出的义理之学的开创，甚至表现得比《论语集注》更为突出。朱熹在《孟子集注》一书中，利用注释《孟子》学，全面地阐发了他关于天理论、心性论、修身论、道统论等理学思想，在有关天、地、仁、心、道等涉及道德哲学方面的注释，他却是完全按照理学的观点作出一系列新的解释和发挥。

朱熹反对当时流行的两种解经方法：一种是摈弃章句的谈玄说妙，不说句义文义，随意立论；另一种是章解句释的支离琐碎，好繁证博引，以解文超过经文为高。这两种方法都使人只见传个见经，在经与传之间筑起一道迷离的厚墙。朱熹主张解经章句与义理兼顾，先释字意，再释文意，然后推本经义，但只须就经略释文义名物，引导学者自求其义。他的《四书章句集注》就是"略释文义名物而使学者自求之"的名著。

《四书章句集注》的学术成就是"义理之学"，是由于朱熹将他的"致广大、尽精微"的理学思想体系与对儒家经典的新的解释注析成功地结合起来的成果。他通过注析"四书"，从而建立起一个庞大、严谨、精致的理学思想体系。一方面，他的理学思想体系借助于"四书"中的许多思想资源得以建立起来；另一方面，"四书"的经典地位，使他们理学思想获得了神圣的地位。

朱熹《四书集注》的问世，对四书的研究才形成备受当时知识分子关注的四书学，并且有渐渐凌驾五经学之势。四书的并行与程朱四书学体系的完成，在儒家传统文化史上的意义可以同董仲舒建议汉武帝罢黜百家、独尊儒术相提并论，如果说董仲舒的表彰六艺使孔学经学化，取得统治思想的地位；那么程朱的表彰四书就使经学理学化，使四书夺取了经学的垄断地位。

对朱熹来说，《四书集注》是一部永远没有定稿的书，在他卧病床榻生命走向终结时，还不忘修订他自己认为不太满意的阐述，真正称得上呕心沥血。后来，这部书成为元代以后举子们的必读书，因为，在科举考试中对有关四书内容的分析阐发必须以朱熹的《集注》为依据，从这一点也可以看出朱熹的《四书集注》在文化史上的重要地位。

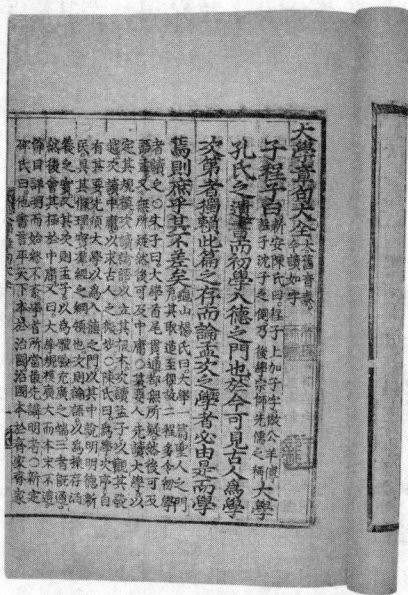

《大学章句》书影

第六章　朱熹教育思想

朱熹既是我国历史上著名的思想家，又是一位著名的教育家。他一生热心于教育事业，孜孜不倦地授徒讲学，无论在教育思想或教育实践上，都取得了重大的成就。他倡办文化教育的目的，虽然是为了宣扬维护封建制度的政治伦理思想，传播儒家的道德文化，但也做出了许多有益于后世的贡献，起到了弘扬民族文化，推进学术发展的作用。

白鹿书院

南宋中期，金、蒙南侵，赋税苛重，百姓怨声载道，民族危机深重，加之儒家衰弱，佛、道盛行，以及封建统治的腐朽，致使纲常破坏，礼教废弛，官场贪风日盛，道德沦丧，人们精神空虚，理想失落，社会动荡不安。为了稳定国家秩序，加强家庭和社会的凝聚力，拯救社稷，拯救国家，朱熹以弘扬理学为己任，力主以"存天理、去人欲"为内容的道德修养，去重整伦理纲常、道德规范，重建价值理想、精神家园。因此朱熹的一生，教育与他的关系最为密切，在著述和讲学达四十余年的时间里，他在创立理学思想体系的同时，也创立了他的教育思想体系。朱熹认为，每个社会成员都必须接受教育，"学以明伦"，达到穷理、正心、修身、齐家、治国、平天下的目的。如果人人都通过教育，就可以使政治清明、国家繁荣、人民安居乐业，风俗更加淳美。

朱熹一生与书院的情缘是十分深厚的。讲学所至，闽、浙、赣、湘、皖等省，经其所创建及由其所修复的，还有其所读书讲学涉足的，加上与其相关，后人增加的大大小小书院，共有七十多所，遍及当时南宋半壁江山的东南各地。其中经朱熹所创建的书院有寒泉精舍、云谷晦庵草堂、武夷精舍、考亭书院四所；由朱熹修复的书院有白鹿洞书院、岳麓书院、湘西精舍三所；朱熹读书涉足的书院那就更多了，有南溪、星溪、屏山、云根、湛庐、瑞樟、逸平、兴贤、石井、龙光、濂溪、石洞、草堂、蓝田、石湖、紫阳、晦庵、大同、鹅湖、龙津、紫阳、稽山、石鼓书院等五十多所；与其相关，后人增建的书院有同文、鄞山、泰亨、石门、瀛山、宗晦、南山、芗江、建安等九所书院。其中，白鹿洞书院的重修，无论是从对书院本身名扬天下的发展史的意义，还是从对朱熹教育思想体系架构的意义，都成为朱熹教育生涯中至关重要和至为绚烂精彩的一笔。

白鹿洞书院位于江西九江庐山五老峰南麓的后屏山之阳，傍山而建。南唐升元年间，白鹿洞正式辟为书馆，称白鹿洞学馆。宋仁宗五年（1061年），改称"白鹿洞之书堂"，与当时的岳麓书院、应天府书院、嵩阳书院并为"四大书院"，但不久即废，直到朱熹出现。

淳熙六年（1179年）三月，朱熹以秘书郎权知南康军州事的身份赴军就任。上任伊始，他便接二连三地张榜、行牒，广为询究陶渊明、刘凝之、义门陈氏、白鹿洞学馆等遗事往迹，"以凭稽考，别行措置"。他在《知南康军榜文》中说："到任之初，伏自惟念圣天子所以搜扬幽隐，付界民社之意，固将使之宜明教化，敦励风俗，非徒责以簿书期会之最而已。……今有合行询究事件，……按图经白鹿洞学馆，虽起南唐，至国初时犹存旧额，后乃废坏，未悉本处目今有无屋宇……"向当地军民人等和过往贤士大夫征询实情。

同年秋天，因"秋雨不时，高仰之田告病"，朱熹亲临白鹿洞勘查了北宋书院遗址。这时的书院，房宇已"损其旧七八"，仅有地基石础还可以辨得出当年的规模。朱熹看到这个地方四面山水清秀环合，"无市井之喧，有泉石之胜"，觉得是讲学著述的好地方。他深感庐山一带"老佛之居以百十数，中间虽有废坏，今日鲜不修葺。独此一洞，乃前贤旧隐，儒家精舍，又蒙圣朝恩赐褒显，所以惠养一方之士，德意甚厚。顾乃废坏不修，至于如此，长民之吏不得不任其责也。""老佛之居以百十计，其废坏无不兴葺。至于儒者旧馆只此一处，既是朝名贤古迹，又蒙太宗皇帝给赐经书，所以教养四方之士，德意甚美。而一废累年，不复振起，吾道之衰既可悼惧。而太宗皇帝敦化育才之意亦不著于此邦，以传于后世，尤长

白鹿洞书院牌坊

民之吏所不得任其责者"。因此，他认为庐山白鹿洞书院应该尽快地修复。

朱熹一面派军学教授杨大法、星子县令王仲杰等筹措兴复之事，同时又报告有司备案，请求支持。他在呈报礼部的《申修白鹿洞书院状》和给垂相的报告中一再申述了兴复书院的理由，并报告了对书院建设的若干设想。他说："朝廷倘欲复修废宫以阐祖宗崇儒右文之化，则熹虽不肖，请得充备洞主之员，将与一、二学徒读书、讲道于其间。""其禄赐略比于祠官，则熹之荣幸甚矣。"

但是，朱熹向朝廷呈报的计划、设想均石沉大海，并未得到朝廷当权者的支持，相反却"朝野喧传以为怪事"，遭到讥笑和讽喻。但朱熹仍然坚持进行白鹿洞书院的复建工作。他写信给老友吕祖谦，请他为书院作记。为此事，朱、吕二人书信往复频繁，讨论记文措辞，然后定稿，请人书写入石。

第二年三月，白鹿洞书院初步修复，朱熹率领军县官吏、书院师生赴书院，祭祀先师先圣，举行开学典礼。朱熹升堂讲说，讲题为《中庸首章》，与同道们高兴地作诗唱和，并写下了《次卜掌书落成白鹿洞佳句》："重营旧馆喜初成，要共群贤听鹿鸣。三爵何封莫萍藻，一编拒敢议诚明。深源定自闲中得，妙用原从乐处生。莫问无穷庵外事，此心聊与此山盟。"

之后，朱熹采取了一系列措施，使书院更为完善。先是修建房屋，因为书院堂早毁于皇佑末年的"兵火"。尽管南康军、星子县正遭旱灾，财政经济相当困难，但在朱熹的坚持下，还是建起屋宇二十余间。朱熹还与他的僚属、学生以及继任知军钱闻诗商定了进一步兴建书院礼圣殿等屋宇的计划。同时积极筹措院田，广为聚书。他制定了购置田亩的计划，筹集了一部分购置田地的资金，但因不久离郡，买田一事尚未进行。

朱熹曾发文江南东、西路各地衙门征求图书，"承本路诸司及四方贤士大夫发到书籍，收藏应付学者看读。"然而实际上当时的藏书并不多，可以从史料上查实到的，也仅为刘氏所赠《汉书》一部。因为原计划请江西新建丁铁担任掌教、安徽合肥吴某为职事均归于成功，朱熹只得自任洞主，自为导师，亲临执教。与他同时讲学白鹿洞书院的，还有好友刘清之，学生林泽之、黄榦、王阮等人。朱熹曾发榜招生入学，学徒"一二十人"。每逢休沐日，朱熹都到书院讲学，与诸生研讨论辩，诱诲不倦。在紧张的讲学之余，则与诸生漫步山径，徜徉泉石之间，往往竟日乃返。

白鹿洞书院修复后，为福建、江西各地众多学子所向往。许多生徒慕名而来，书院一时成为传播研究理学的一个重要基地。著名理学家黄干、蔡沈等都曾在此就学。为了活跃学术气氛，朱熹还经常邀请各地名师宿儒来院讲学，其中包括学术见解与他相左的一些儒家学者，如陆九渊、林择之、刘清之等，营造了极为融洽开放的学术氛围。

更为重要的是，朱熹集我国古代书院、学校教学经验之大成，在白鹿洞书院采取了多种多样的教学形式，以后又由于门人子弟的努力而不断发展，形成了一套相当完备的书院教学组织形式。

朱熹在白鹿洞书院中的教学制度，实行以主讲之学者（山长或洞主）掌教、主持书院的教学活动，副讲协助主讲工作，在德行、道艺各方面对生徒全面指导。主要教学形式包括升堂讲说；认真读书、自行理会；互相切磋、质疑问难；展礼等。

升堂讲说在白鹿洞书院的前身南唐庐山国学时就已经采用。朱熹在白鹿洞书院升堂讲说的讲义包括《中庸首章》《大学或问》《白鹿洞书堂策问》等。朱熹还请陆九渊在白鹿洞书院升堂讲学，陆九渊就"君子小人喻义利章"发论，当时听者有的甚至感动得掉下眼泪。朱熹对陆九渊的讲演给予了很高的评价，史载陆九渊演讲时，"元晦深感动，天气微冷，而汗出挥扇"。陆九渊刚讲完，朱熹即起身离席说："熹当与诸生共守，以无忘陆先生之训。"随后，朱熹又请陆九渊将讲义书写下来，刻碑立于白鹿洞书院，并为这篇讲义写了一跋，称赞"其所以发明敷畅，则又恳到明白，而皆有以切中学者隐微深痼之病，盖听着莫不悚然动心焉"。

朱熹在白鹿洞书院的教学活动主要是采取学生刻苦钻研、自行领会的方式，阅读经、史、子、集各类书籍包括程朱理学的大师们的注释。朱熹还重视对生徒进行读书方法的指导，其门人后学将其言论概括为"朱子读书法"。他们引用朱熹的原话说："朱子曰：'为学之道，莫先于穷理，穷理之要，必在于读书，读书之法，莫贵于循序而致精，而致精之本，则又在于居敬而持志。此不易之理也。'"即"循序渐进""熟读精思""虚心涵泳""切己体察""着紧用力""居敬持志"等六项。

朱熹也提倡诘难。他说："往复诘难，其辨愈详，其义愈精。"书院生徒之间的互相切磋，师生经常质疑问难，是书院师生群居的一种"日课"。白鹿洞书院又以讲会为重要方式。遗憾的是，朱熹主洞时的讲会究竟怎样，目前已难于考证。

此外，展礼作为儒家教育、教学的重要形式，也是书院教育、教学活动中不可缺少的方面。白鹿洞书院在它长期的发展过程中建立了许多祠庙，除礼圣殿外还有宗儒祠、先贤祠、忠节祠、紫阳祠等。

朱熹兴复白鹿洞书院，是中国教育史上的重要事件，对后来书院的发展、学校的建设有着重大影响。真正促成这种影响的，除了兴院办学的活动、开放学术的理念和多样高效的教学方式，对后世最为深远的，还当推白鹿洞书院教学学规。即：

"父子有亲、君臣有义、夫妇有别、长幼有序、朋友有信"的"五教之目"；

"博学之，审问之，谨思之，明辨之，笃行之"的"为学之序"；

"言忠信，行笃敬，惩忿窒欲，迁善改过"的"修身之要"；

"正其义，不谋其利；明其道，不计其功"的"处事之要"；

"己所不欲，勿施于人，行有不得，反求诸己"的"接物之要"。

以上五条再加上"循序渐进"的学习方法、"熟读精思"的学习原则，便成为以程朱理学为指导思想的典型的教育纲领。这个学规，是世界教育史上最早的教

白鹿洞书院朱熹像

育规章制度之一，总结了孔孟以来儒家的礼教体系，主要是按照圣贤的教导要求学生，目的在于实行封建的纲常伦理，同时体现了其理论与实践相结合的人际关系准则。它不仅成为后续中国封建社会七百年书院办学的模式图，而且也为世界教育界所注目，国外很多教育家把它当作研究教育制度的课题。

岳麓书院

岳麓书院始建于北宋初期，初创的书院分有"讲堂五间，斋舍五十二间"，这种中开讲堂、东西序列斋舍的格局一直流传至今。到南宋乾道年间，岳麓书院达到鼎盛时期，时由张栻主持岳麓书院，他以反对科举利禄之学、培养传道济民的人才为办学的指导思想。一时间，大批游学士子前来书院研习理学问难论辩，有的还"以不得卒业于湖湘为恨"。乾道三年（1167 年），朱熹来访，与张栻举行会讲，听讲者几至千人。当时的岳麓书院成为全国闻名的传习理学的基地，被学者推为宋初天下书院之首。淳熙七年（1180 年），张栻去世，湖湘学派出现分化，潭州也是"师道凌夷，讲论废息，士气不振"，岳麓书院不再有往日盛况。

绍熙五年（1194）年，朱熹在知潭州荆湖南路安抚使任内，不顾政务缠身，又重建了岳麓书院，使之与白鹿洞书院一样，成为朱熹讲学授徒、传播理学的场所。书院在南宋发展盛行，几乎取代官学。

朱熹扩建岳麓书院斋舍，增加生员名额，添置学田，扩大了书院规模。与此同时，朱熹将《白鹿洞书院学规》作为岳麓书院的院规，确定《四书集注》为岳麓书院的主要教材。朱熹常常不顾白天处理政事的辛劳，晚上渡湘江往书院讲学，传播理学。与诸生讲论时，朱熹随问而答，毫无倦色。他总是教导诸生，为学应该切己务实，自卑登高，由近及远，切勿厌卑近而慕高远。这些恳切的言辞，令诸生无不感动。在朱熹的努力之下，岳麓书院声名复振，学者云集，成为湖湘士子乃至天下学人向往的求学问道的圣地。

岳麓书院

教育思想

其一，目标论。

朱熹的教育思想体系是建立在其理学思想基础之上的，体现在人类社会中，封建的"人伦"，就反映了"天理"的内容。因此，朱熹就把封建的人伦道德神圣化、永恒化，认为"明人伦"就是要体认天理，穷尽天理，也就是教育的目的所在。体现在教育目标上，就是要培养出能够自觉修身养性、遵循道德"天理"的"圣贤""醇儒"。

朱熹所倡导的"以明人伦为本"的教育目标的思想，是针对当时的学校教育偏重于辞章训诂之学，鼓励士子追求功名利禄的状况而发的，认为已经造成"风俗日敝，人材日衰"。因此，必须恢复儒家重视人伦教育、培养圣贤人格的传统，重新确立学校的培养目标。培养一种理想的人格，是朱熹从事道德教育的基本目的。朱熹所设计的最高层次的理想人格是所谓"圣人"人格，即理想的道德人格，达到"仁"的道境界，具备"仁"的道德品质。

他认为天命之性是纯然至善的，是超越个体而普遍存在的。"理"和"气"结合在一起，就体现为"气质之性"。天命之性是气质之性的本然状态，气质之性则是天命之性受气质熏染发生的转化形态。每个人的天命之性是相同的。而因人的气质不同，所以人与人的气质之性是不同的。气质之性的本体状态是天命之性，故纯然至善；而气质之性的现实状态则有善有恶。因此，朱熹又提出了"变化气质"的主张，他认为，通过后天的道德修养工夫，把"气质之性"中恶的杂质（人欲）清除掉，气质之性的本然状态——天命之性就能完全显现出来了，即所谓"复其性"。他说："克得那一分人欲去，便复得这一分天理来；克得那二分欲去，便复行这二分理来。"圣人之性清明至善，没有丝毫昏浊，所谓"无人欲之私"，故圣人与天地同体，不教而自善。贤人之性次于圣人，通过教育也可达到"无异于圣人"的地步。中人之性则善恶混杂，界于君子和小人之间，"教化之行，挽中人而进于君子之域；教化之废，推中人而堕于小人之涂。"这是继承发展了董仲舒和韩愈性三品的学说。在这个教化复性的过程中，朱熹很重"克己"工夫："大率克己夫，是自著力做底事；与他人殊不相干，紧紧闭门，自就身上细体认，觉得方有私意便克去。"他说："克己复礼，私欲尽去，便纯是温和冲粹之气，乃天地生物之心。其余人所以未仁者，只是心中未有此所象。"

总之，所谓"变化气质""克己复礼"，以及"存天理，灭人欲"等等，皆是成就理想人格的手段，它们起的作用是相同的，即压抑或克除个体生命的感性欲念，牢固树立起道德理性的主宰地位，这是朱熹反复强调的观点。有人曾指出是理学乃"希圣之学"，确有一定道理。成就理想的道德人格——"圣人"人格，确是理学家们共同追求的最高目标，也是朱熹从事道德教育的最高目标。

其二，内容论。

朱熹在总结古代教育的基础上，根据人的年龄及相应的心理特征、理解能力，将教育划分为两个阶段：即"小学"和"大学"，并分别安排不同的教育内容。朱熹认为，人生 8 岁入小学，15 岁入大学。小学和大学是不可割裂的两个学习阶段，即都是为了体认天理，只是内容程度有所不同：小学学其事，大学明其理。小学是为大学打基础，大学是小学的深化。

朱熹将小学教育比做"打坯模"，强调要从儿童幼小时，就要进行良好的道德行为的训练。小学以"教事为"，具体说，就是"教之以洒扫、应刘、进退之节，爱亲、敬长、隆师、亲友之道"。在儿童阶段空讲大道理是收不到效果的，最好是从具体的行为训练着手，形成良好的生活习惯，教育与生长发育融为一体，就可以"习与智长，化与心成"。朱熹编写《小学》一书，汇集古代圣贤"嘉言懿行"，并以日常生活中的人伦道德主题分立纲目，如君臣、父子、夫妇、长幼、朋友、心术、感化、衣服、饮食等，内容包括名儒的格言和前人的典范事例，对儿童进行生动形象的教育。又撰有《童蒙须知》，对儿童日常生活中应该遵守的礼仪、行为一一作了具体规范。

"大学"阶段的主要任务是"穷理"，即"大学是发明此之理"。这是因为，学生进人"大学"阶段后，其知识智力有进一步发展，已经能够理解有关"天理"等深刻的道理，不知道应该如何，而且能够理解为什么应该如何；同时，他也会得如何将这些深刻的道理应用于自身的道德修养和齐家、治国、平天下。所以，朱熹说："大人之学，穷理、修身、齐家、治国、平天下之道是也。"穷理当然包括在生活实践中穷究人之理，朱熹说："穷理只就自家身上求之，都无别物事。只有仁义礼智，看如何千变万化，都离此四者不得。"同时，穷理还包括对儒家经典中义理的探讨，他认为："古之圣人作《六经》以教后世，……其于义理之精微，古今之得失，所以该贯发挥，究竟穷极，可谓盛矣。"

大学的教材主要是《四书》和《五经》。朱熹认为：《四书》是大学的基本读物，是化入圣贤之学的门户，人人必须学好《四书》，至于进一步学习《五经》，那是专门研究的事了。所以，《四书》地位实际上超过了《五经》。

综观"小学""大学"两个教育阶段，朱熹认为："学之大小，固有不同。然其为道，则一而已。是以方其幼也，不习之于小，则无以收其放心，养其德性，而为大学之基本。及其长也，不进之于大学，则无以察其义理，措之事业而小学之成功。是则学之大小所以不同，特以少长所习之异宜，而高下、深浅、先后、缓急之殊，非若古今之辨、义利之分，判然如薰莸木炭之相反而不可以相入也。"

其三，方法论。

一般而言，智育重"知"，注重知识智力传授；美育重"情"，强调情感趣味的培养；德育重"意"，倡导道德意志的修炼。然而，由于道德又是一个涉及知、情、意、行的整体过程，故而，道德教育亦须涉及这一过程的各个环节。朱熹总结道德教育的方法为八个字：立志、居敬、穷理、省察。

朱熹认为，树立高尚而又远大的志向，是从事道德修养的第一步，当有人问他"为学功夫，如何为先"时，他回答："亦不过如前所说，专在人自立志。既知这道理，办得坚固心，一味向前，何患不进，只患立志不坚，只听人言语，看人文字，终是无得于己。"又说："书不记，熟读可记；义不精，细思可精。惟有志不立，直是无著力处。而今人贪利禄而不贪道义，要做贵人而不要做好人，皆是志不立之病。"朱熹指出，立志就是立定成圣成贤的志向，"才学便要做圣人是也""所谓志者，不是将意气去盖他人，只是直截要学尧舜"。立志要勇猛："学者立志，须教勇猛，自当有进。"只有勇猛坚决，才能树立起坚定的志向，才会百折不挠、一往无前，取得德业上的巨大进步。

"居敬"也是重要的道德教育方法。朱熹说："敬字工夫，乃圣门第一义。彻头彻尾，不可顷刻间断"。有人问："敬何以用工？"他答："只是内无妄思，外无妄动"。又说："敬有甚物，只如畏字相似，不是块然兀坐，耳无闻，目无见，全不省事之谓，只收敛身心、整齐、纯一，不恁地放纵，便是敬。""敬不是万事休置之谓，只是随事一谨畏，不放逸耳。"敬只是此心自做主宰处。""敬是不放肆的意思。"概言之，居敬之法要求精神高度集中，专一于对天理的体认和对私欲的克制，不能有丝毫的松懈和麻痹。就外在的容貌、服饰和行为来说，也必须整齐严肃，"坐如尸，立如斋，头容直，目容端，足容重，手容恭，口容止，气容肃，皆敬之目也。"又说："持敬之说，不必多言，但熟味整齐严肃，严威俨恪，动容貌，整思虑，正衣冠，尊瞻视此等数语，而实加功焉。"只有这样，才能达到"无内妄思，外无妄动"的地步。他认为，居敬之法，是贯穿整个修养过程的。他的第子曾评价他："其为学也，穷理以致其知，反躬以践其实，居敬者所以成始成终也。谓致知不以敬，则错惑纷挠，无以察义理之归；躬行不以敬，则怠惰放肆，无以致义理之实。"

在朱熹看来，"穷理"也是一种很重要的德育方法。朱熹说："盖有心之灵，莫不有知；而天下之物，莫不有理。惟于理有未穷，故其知有不尽也。是以大学始教，必使学者即凡天下之物，莫不因其已知之理而益穷之，以求致乎其极。"作为德育方法的"穷理"，当然不是指认识自然的规律法则，而主要是指体认社会的纲常伦理，即所谓"格物，是穷得这事当如此，那事当如彼，如为人君，便当止于仁；为人臣，便当止于敬。又更上一著，便要穷究得为人君如何要止于仁，为人臣如何要止于敬，乃是"。

朱熹认为，要完成"穷理"的教育，获得道德认识，须采用学、问、思、辨等教学方法。他在《白鹿洞书院教条》中明确规定："学、问、思、辨四者，皆所以穷理。"所以，对朱熹而言，"博学"不仅是智育要求，同样是德育方法。同理，"审问""慎思""明辨"等教育方法的意义在于"穷理"，即探寻、穷尽天地之间的人伦物理，以获取道德方面的知识。朱熹说："为学之道，圣贤教人，说得甚分晓，大抵学者读书，务要穷究，道问学是大事，要识得道理去做人。"

省察中的"省"是反省，"察"是检查。省察工夫要求人们在其思虑"将发之际"和"已发之后"进行反省和检查。他以"川流"为喻，说明"时时省察"的重要性："天地之化，往者过，来者继，无一息之停，乃道体之本然也，然其可指而易见者，莫如川流。故于此发以示人，欲学者时时省察，而无毫发之间断也。"朱熹说："谓省察于将发之际者，谓谨之于念虑之始萌也。谓省察于已发之后者，谓审之于言动已见之后也。念虑之萌，固不可不谨；言行之著，亦安得而不察。"它能使学者防止出现错误的思想行为，即如朱熹所言："天下之事，不是则非，而无不是不非之处。故一事之微，不加精察之功，则陷于恶而不自知。"

其四，过程论。

教学过程是学生在教学活动中获取文化知识的过程，是人类认识客观世界的一种特殊形式。因此，教学过程既要遵循人类认识客观世界的一般规律，又要符合教学活动的特殊规律。《中庸》明确地把教学过程分为五个相互联系的环节："博学之，审问之，慎思之，明辨之，笃行之。有弗学，学之弗能弗措也；有弗问，问之弗知弗措也；有弗思，思之弗得弗措也；有弗辨，辨之弗明弗措也；有弗行，行之弗笃弗措也。人一能之己百之，人十能之己千之，果能此道，虽愚必明，虽柔必强。"

朱熹将学、问、思、辨、行的五个环节看做是知、行两个大的阶段。"博学"，应包括学习直接经验知识和间接书本知识，不能因经验知识而否定书本知识，也不能因书本知识而忽略直接的经验知识。

"审问"是要求学者在学习过程中能够发现疑难、提出问题，通过探求这些疑难问题，促进学习的深化。他主张"群疑并兴"，从"无疑"到"有疑"、从"有疑"到"无疑"的"审问"过程。

朱熹论述"慎思"的功能说："穷理者，因其所已知而及其所未知，因其所已达而信其所未达。""盖人心之灵，天理所在，用之则愈明。"他论述了思考与知识、智力的关系，肯定思考能够扩大知识面、增强思考力。

"明辨"有两种含义，或指学者个人以正确的认识态度、思维方法去辨察知识的是非真伪，或指学者师友之间的质疑问难、明辨是非。朱熹对"明辨"的两种含义均有充分的论述。他说："凡看文字，众家说有异同处，最可观，如甲说如此，且寻扯住甲，穷尽其辞；乙说如此，且寻扯住乙，穷尽其辞。两家之说既尽，又参考而穷究之，必有一真是者出矣。"他主张通过对众家异说的比较，来辨察知识的是非真伪。朱熹亦极注意师友之间的质疑问难，明辨是非，他说："读书人如问人事一般，欲知彼事，须问彼人。"他常常为了寻朋访友、问难论辨以至于行千里之路。

"笃行"是教学过程中的最后一个环节，也是最重要的一个环节。"笃行"之所以重要，因为它是一切知识的来源。朱熹批判了教育界忽视躬行的不良倾向，认为许多学者"不知学之有本，而惟书之读，则其所以求于书，不越乎记诵训诂文词之间，以钓声名取禄利而已"。他说："前面所知之事，到得会行得去，如平时知得为子当孝，为臣当忠，到事君事亲时则能思虑其曲折精微而得所止矣。"朱熹坚持"力行"比"致知"更重要。他说："致知力行，论其先后，固当以致知为先。然论其轻重，则当以力行为重。"这一方面是由于"力行"是教育的目的和道德认识、道德修养的最终目的，就是为了实践。另一方面，"力行"又是检验道德认识、道德修养成败的标准。尽管朱熹的"知先行后"的观念于现今看来不正确，但他对实践的重视，体现了他在教育思想方面的真知灼见和务实精神，对现代教育思想也有重要启示。

读书之法

在朱熹的教育思想中，读书法占有相当重要的地位。这主要是因为在理学家的学派群体之中，朱熹所代表的学派对"道学"一事向来十分重视，他希望通过知识化的途径来发展道德理性，培养一种知识型的道德人格。另外也是由于古代教学论一向主张自己阅读，而教师则通过各种读书方法的指导而实施教学。朱子门人将老师的读书法作了归纳，称为"朱子读书法"，共有六条：循序渐进、熟读精思、虚心涵咏、切己体察、著紧用力、居敬持志。

循序渐进是指教师应该根据学生的不同年龄、知识水平、学习进度而分别安排不同的书目、章节。朱熹提出："学不可躐等，不可草率，徒费心力。须依次序，如法理会。"他认为，在经、史、子、集几部书来看，他主张先读经，再读史或其他类型的书："凡读书，先读《语》《孟》，然后观史，则如明鉴在此，而妍丑不可逃。若未读彻《语》《孟》《中庸》《大学》，便去看史，胸中无一个权衡，多为所惑。"可见，朱熹在循序渐进的读书法中，首先将儒家经典，尤其是"四书"，列于首位。

朱熹"熟读精思"的读书法，首先是讲究"熟读"。关于熟读，他认为是在专精条件下的熟，他主张"书宜少看，要极熟。""人多看一分计，今宜看十分之一。宽着期限，紧着课程。"朱熹认为只有通过熟读，才能真正掌握书中所讲的义理。他说："读书之法，先要熟读。须是正看背看，左看右看。看得是了，未可便说道是，更须反复玩味。""大凡读书，须是熟读。熟读了，自精熟；精熟后，理自见得。"当然，朱熹认为在熟读的基础上还要精思。因为学者们在熟读之时，常常会产生疑问，要解答这些疑问，就离不开精思。他说："读书须是仔细，逐句逐字要见着落。若用工粗卤，不务精思，只道无可疑处。非无可疑，理会未到，不知有疑尔。"朱熹认为，熟读与精思是一个相互交替、相互促进的过程，而不应该将熟读与精思分作两件事情来做。

朱熹之所以提倡"虚心"，是因为学者们读书时最容易犯一个毛病，那就是用自己的主观意思、旧有成见去附会书中的意思，将自己的想法说成是古代圣贤的想法，这样非但不能从书本中有思想上的收获，反而歪曲了书中的意思。朱熹倡导"虚心涵咏"，就是要求学者在读前人留来的书册文字时，应该要客观地理解作者的意思，以前人的思想来丰富自己，而不是要将自己的意思强加到前人身上，以推广己的意思。

"切己体察"应包括两层意思。第一，朱熹认为学者应将读书学习和自我体察结合起来，才能真正卓然有见，深察义理，而不是空洞的文字工夫。其二，也是指读书学习的目的是为了自己的日用生活实践，而不是使自己所学的知识流于无用。他认为读书就应与做事结合为一体："读书合是做事。凡做事，有是有非，有得有失。善处事者，不过称量其轻重耳。读书而讲究其义理，判别其是非，临事即此理。"

朱熹对学者的读书学习，又提出著紧用力的要求。他倡导一种刻苦用功、勇猛奋发的精神，以克服读书学习的种种困难与障碍。他曾提出"宽著期限，紧著课程"的主张，"宽著期限"是为了保证"熟读精思"的时间，而"紧著课程"则是要求能够著紧用力于每门具体课程、每一本书或一个章节。

居敬持志本来主要是一种道德修身的方法，作为读书法的"居敬"，就是指学者在读书时，要保持精神专注，全心全意，以从书中体认义理。他说："初学于敬不能无间断，只是才觉间断，便提起此心。只是觉处，便是接续。某要得人只就读书上体认义理。日间常读书，则此心不走作；或只去事物中衮，则此心易得汩没。知得如此，便就读书上体认义理，便可唤转来。"所谓"持志"即是指学者在读书时要能确定志向，因为志向定了，学者才会专心致志，从事读书学习。朱熹说："心不定，故见理不得。今且要读书，须先定其心，使之如止水，如明镜。暗镜如何照物？""立志不定，如何读书？"朱熹相信，一个人确定了志向，也就确立了读书的最高目标，这个目标就是要立志成为圣贤。只有这种高远志向才能激发起学者读书的热情和毅力，保证很好的读书效果。

第七章　朱熹百科成就

朱熹不仅是中国古代与孔子并称为"夫子"的仅有的思想家、哲学家、教育家，也是一位学贯古今、才华横溢的学者，在诗歌、美学、书法、天文地质科学、风水学等方面均独树一帜，几乎对当时所有的学科门类，都作了突出的贡献，是中国近古一位百科全书式的人物。

文学成就

在宋代理学家中，朱熹是最具文学修养的一位。朱熹一生中留下大量文章、诗词作品，其中有不少名篇佳构，理趣盎然，耐人寻味，发人警醒，长期以来为人们吟哦、传诵。不仅如此，朱熹还从理学立场出发，对诗文理论进行了较为深入的探讨，提出了丰富而独特的文学思想。在他建构的规模宏阔的理学体系中，文学思想是不可忽视的内容。

早在北宋时期，就已存在古文家和理学家在文学观点方面的矛盾与冲突。古文家虽然也讲宗道征圣，但他们有时会对"道"作出较为宽泛的理解，他们对于文艺都有自己的爱好。至于像唐代韩愈的喜好张扬、宋代苏轼的出入佛老，其为人个性都有明显不符合正统儒家修养的地方。而理学家则是把内向的道德纯化作为人生的根本目标，把任何一种精神外骛视为人生的危险，所以二程就直接提出了"作文害道"和作文也是"玩物丧志"的论点。

到了南宋，理学愈盛，并出现了集大成者朱熹，这种鄙视乃至取消文学的理论因他的阐发产生了更为广泛深远的影响。朱熹文学观的基本出发点也是"存天理而灭人欲"，所以，朱熹基本上是站在道学原则的立场上来看待文学。首先，他根本上视文学为可有可无之物。他曾说:"今人不去讲义理,只去学诗文,已落第二义。……今便学得十分好,后把作甚么用?莫道更不好。"他还反对文学中的个人才性之表现,如北宋中期诸名家中,本以曾巩最缺乏文学气质而以苏轼最富才华,朱熹的评论却是:"曾南丰文字又更峻洁,虽议论有浅近处,然却平正好。到得东坡,便伤于巧,议论有不正当处。"

朱熹自己对于文道关系的看法是:文道是统一的,在二者之中,道是最根本的:道者,文之根本;文者,道之枝叶。惟其根本乎道,所以发之文,皆道也。""这文皆是从道中流出""三代圣贤文章,从此心写出,文便是道"。朱熹认为"孟轲氏没,圣学失传,天下之士,背本趋末",实际是拿儒家经说对后世之士作了总体的否定。并且,他在列举了包括庄子、屈原、司马迁在内的战国至西汉许多重要的学术家和文学家之后,称他们虽然"先有实而后托之于言",但"唯其无本而不能一出于道,是以君子犹或羞之",至于宋玉、司马相如等,"则一以浮华为尚,而无实之可言矣"。一直说到唐朝,则称:"东京以降,迄于隋、唐,数百年间,愈下愈衰,则其去道益远,而无实之文亦无足论。"对于韩愈、欧阳修,他也一一鄙夷,最终发出浩叹:"呜呼,学之不讲久矣,习俗之谬,其可胜言也哉!"照他的看法,仅仅"古之圣贤,其文可谓盛矣",后来的人都是道德不纯正,文章都很少有价值。这是作为理学集大成者的朱熹,所持的对于文学的偏见。

但不能否认的是,朱熹仍然是两宋理学家中最具文学修养的一个。朱熹在论及前代诗人时,每每有独到的见解。他认为"陶渊明诗,人皆说是平淡,据某看他自豪放,但豪放得来不觉耳";又说白居易:"乐天人多说其清高,其实爱官职。诗中凡及富贵处,皆说得口津津地涎出。"在南宋文坛上,他的文章也很有特点。

朱熹一生,未及弱冠便开始作诗,诗歌创作长达50年之久,存诗达一千多首。历代理学家,有不少能作诗者,如北宋的邵雍、明初陈献章,都好吟句作诗,但是其诗作往往理学气息过于浓厚,令人读之颇有窒息之感。王阳明之诗,则过于才情奔放,有失古风。惟有朱熹之诗,雅淡平和,从容中道,不失驱驰,堪称理学家中诗歌成就最高者。近代学者陈衍说过:"晦翁登山临水,处处有诗,盖道学中之最活泼者。"即使在整个宋代诸诗家中,朱熹也可算得上是诗作较多的一个。

这可能跟幼年的诗歌启蒙有关。朱熹的父亲朱松和老师刘子翚,都是著名诗人，朱熹受他们的熏陶，也喜欢写诗。据朱熹自述，他自少对文学有浓厚的兴趣，"某自少喜读韩文""年二十许便喜读南丰先生之文而慕效之。"朱熹重古诗而轻律诗。五古学汉魏，学陶渊明，学唐人中诗风古朴的一派，往往即景即事，言志述怀，以表现其"雍容俯仰"的气象和"中和冲淡"的胸襟。篇幅较短，语言自然，不用典故，长于用白描手法写自然景色。《对雨》《六月十五日诣水公庵雨作》《卧龙庵武侯祠》《康王谷水帘》等，都是代表作，《秋日告病斋居奉怀黄子厚刘平父及山间诸兄友》中的"况复逢旱魃，农亩无余收；赤子亦何辜，黄屋劳深忧。而我忝朝寄，政荒积愆尤。怀疴卧空阁，恻怆增绸缪"，则反映了迫切的现实问题，抒发了忧国忧民的心情。

朱熹认为自律诗出而讲究用韵、属对、比事、遣词，"益巧益密"，有害于诗的"言志之功"。但他自己还是写了不少律诗，有些篇章也值得一读。五律如《登定王台》，旧时选本多入选。《拜张魏公墓下》六首，通过对爱国宿将张浚的赞颂哀悼，暴露了朝政的昏暗。他的七律也有佳作，如《和刘叔通怀游子蒙之韵》："扣角听君悲复悲，壮心未已欲何！交游半落丘山外，离别偏伤老大时。尚喜渊潜容贾谊，不须日饮教袁丝。病余我更无□赖，勉为同怀一赋诗。"这是晚年被贬逐之后写的。报国无门的悲愤，出之以苍凉委婉之词，弥觉沉痛。

在 1000 多首朱熹的存诗中，最有代表性、最脍炙人口的，当推《春日》和《观书有感》。

春日

胜日寻芳泗水滨，
无边光景一时新。
等闲识得东风面，
万紫千红总是春。

从诗句上看，它是一首写春游的诗。"胜日寻芳"，点破时令是春日，诗人的活动是春游踏青。"泗水滨"交代春游的地点。"无边光景一时新"，描写春景，场景是阔大的，表明大地春回，万物复苏，给人一种焕然一新的感受。后二句是写

"寻芳"所得。"等闲识得东风面",诗人对东风作了人格化的描写,是说当你一旦感受到拂面的东风时,它已经给大地披上了全新的春装。"万紫千红总是春",色彩绚烂,形象鲜明,意境宏大,是描写春光的神来之笔。它如今已经成为脍炙人口的名句,并赋予了新的含意。这首诗赞美了春天的繁荣,充满了蓬勃的生机和旺盛的活力,格调健朗,令人感奋激昂。仅从字面看,也算得上是写景抒情的佳作了。

其实朱熹写作这首诗,目的不在于咏春、春游,而是以理学家的眼光在讲一番深刻的道理。诗中首句所说的"泗水",在山东省中部,春秋时代孔子曾经在此讲学传道,教授弟子,逝世后也埋葬在这里。南宋时,北方国土已经被金人占领,朱熹不曾北上,自然不可能到"泗水滨"去"寻芳"。这里的"泗水滨"是暗指孔门,代指孔子儒学;"寻芳"则是指探求圣人之道。泗水寻芳就是到孔子那里去寻找真理,这就是诗的主题。诗的后二句意在启发、引导人们认识到:孔子儒学的要义,一旦广为普及,被大家欣然接受,并取得新的认识,便会领略到"闻道"的乐趣,从而给社会的各个方面带来蓬勃的生机和崭新的气象,发生巨大的变化,产生深远的影响。

全诗采用比兴手法,寓景以议论,寓物以说理,不是抽象地讲道理,而是带有哲理的韵味和情趣,因而此诗既具有自然审美情趣,又具有哲理审美高度。正如后人评论朱熹的诗作所说:"因他胸中先有许多道理,然后寻诗家言语衬托出来,此却别是一路。"也就是说,朱熹是用真正的诗歌语言来表达哲理的。

《观书有感》

其一

半亩方塘一鉴开,

天光云影共徘徊。

问渠那得清如许,

为有源头活水来。

其二

昨夜江边春水生，

蒙冲巨舰一毛轻。

向来枉费推移力，

此日中流自在行。

这也是两首哲理诗，朱熹的意图是读"观书"的体会，对于"观书"，他并没有用直说道理的方法陈述，而是从自然界和社会生活中捕捉形象来显示哲理。

第一首诗说：小小的一方池塘，因为有活水注入，没有死水积滞，所以它能像明镜一样，清澈见底，映着天光云影。这好比人勤于读书，不断吸取新知识，有了充分的学识之后，就能触类旁通，遇到疑难问题时稍加思索，便豁然开朗，心明眼亮。整首诗全无读书的影子，但却处处都在讲读书的好处，这就是这首诗的美妙所在。

第二首诗说：昨夜江水突发春水，像蒙冲那样的巨舰都像一片树叶一样被水冲走，以前行舟船工要费很大的力气去移动船舶，现在你将船放入江水中流，它一样的自己行走了。这首诗用水上行舟作对比，说明读书有个循序渐进的过程，要在渐进中穷尽事理，初学时需要"推移"之力，到后来探得规律，懂得事理之时，就能"自在"而行了。

有人以为诗是形象思维的产物，所以只宜于写景抒情而不宜于说理。这有几分道理，但不能绝对化。因为理可以用形象化的手段表现出来，从而使得它与景和情同样富于吸引力。从朱熹这两组三首哲理诗来看，把理本身所具有的思辨性巧妙地融入诗歌意境之中，往往能引人入胜，出奇制胜。

朱熹也写词，所有词作中，代表作当推《菩萨蛮》《水调歌头》（一）、《南乡子》《忆秦娥》（二）等，其中尤以《菩萨蛮》最有特色。

菩萨蛮（一）

暮江寒碧萦长路，路长萦碧寒江暮。

花坞夕阳斜，斜阳夕坞花。

客愁无胜集，集胜无愁客。

醒似醉多情，情多醉似醒。

菩萨蛮（二）

晚红飞尽春寒浅，浅寒春尽飞红晚。

尊酒绿阴繁，繁阴绿酒尊。

老仙诗句好，好句诗仙老。

长恨送年芳，芳年送恨长。

这两首词运用回文，每两句互为颠倒，八句共四对，十分自然和谐，毫不牵强，而且颇有意境，构思之精巧极矣，足见朱熹对语言的驾驭能力。

朱熹的文章长于说理，风格近似曾巩。如《庚子应诏封事》力陈"国家之大务莫大于恤民，而恤民之实在省赋，省赋之实在治军"，结构谨严，逻辑周密，语言平实，很能代表其文章风格。他的一些记事、写景的短文，颇有文艺性。如《记孙觌事》，寥寥 200 字，通过孙觌写降表"一挥而就"的情态及其"顺天者存"的议论，刻画出投降者的形象并给予辛辣的讽刺。《百丈山记》，写涧水、瀑布、远山、日光和云涛变火，细致准确，宛然在目。《送郭拱辰序》，先写郭君为他画像表现出"麋鹿之姿，林野之性"，后写他将出游，欲画隐君子之形以归，而以郭君不能从行为憾。其国土日蹙、贤人在野、朝政昏暗之意，都见于言外，是历来传诵的名篇。

此外，朱熹的《朱子语类》一百四十卷，涉及面很广，其讲经传道、品评是非的口语化的文体，特点是质朴无华，平易近人，成为宋代以后新的语录体奠基之作。

美学成就

关于朱熹的美学思想，本书主要参考了武汉理工大学艺术与设计学院艺术学系副教授，硕士生导师、美学博士和艺术学博士后邹其昌先生的研究成果。

朱熹美学是其整个学术系统中的一个子系统，在宋代美学思潮中具有重要的历史地位。朱熹美学有着十分丰富的内容和意蕴。朱熹生活在一个极富审美激情、审美创造和审美意蕴的时代，同时他自身又是具有旺盛的审美实践能力和极高的审美趣味的审美者。时代的美学特色和自身的审美素质，外在的与内在的双向互动造就了朱熹美学的特征。其核心思想就是审美境界理论，这一理论有着中国传统美学精神的底蕴，更体现着宋代美学的强大人文背景，由此也展示着朱熹美学的历史地位和意义。

关于朱熹在宋代乃至在中国文化思想史上的地位，明代哲学家庄定山指出："朱子以圣贤之学，有功于性命道德，至凡《四书》《五经》《纲目》以及天文、地志、律吕、历数之学，又皆与张敬夫、吕东莱、蔡季通者讲明订正，无一不至，所谓集诸儒之大成，此也。岂濂溪、二程子之大成哉？"

崇尚理性、面对现实人生、追求平淡的艺术风格和自然性的人生境界是宋代美学的基本精神，朱熹的美学是从更理性、更深刻、更核心的方面去把握审美与人生价值的，即把道德与超道德的审美融为一体。

邹其昌先生认为，与西方美学的求知及其主体如何获得对客体的真理性认识，其核心是"物"不同，中国古典美学重在追求人与自然如何和谐统一达到一种"天人合一"的审美境界，其核心是"人"。中西美学的这种差异，根源于西方自然哲学的特别发达而人生哲学则萎缩和中国人生哲学特别发达而自然哲学则萎缩。正是在这种人生美学的指导下，中国人的人生境界追求就不是由道德境界走向超现实的彼岸的宗教境界，而是由道德境界走向现实的（一个世界）此岸的审美境界，并将审美境界确立为人生的最高境界。"善"（道德意识）与"美"（审美意识）达到了高度的一致，成为了中国美学的基本精神。

朱熹美学的核心是"心性"问题。他强调情感的"中和"、心灵的"平静""无欲"。朱熹的"心与理一"强调"格物"与"涵咏"的统一，具体到美学及艺术领域就是强调"理"与"情""法"与"我"等如何统一的问题。他在整合前辈理学美学的成果的思想基础上，认为美是给人以美感的形式和道德的善的统一。基于美是外在形式的美和内在道德的善相统一的观点，他探讨了文与质、文与道的问题。认为文与质、文与道和谐统一才是完美的。朱熹还多次谈到乐的问题。他把乐与礼联系起来,贯穿了他把乐纳入礼以维护统治秩序的理学根本精神。朱熹对"文""道"关系的解决,在哲学思辨的深度上超过了前人。他对《诗经》与《楚辞》的研究,也经常表现出敏锐的审美洞察力。朱熹开启或引发了明清美学的内在激荡和稳定。

书法成就

明代陶宗仪《书史会要》这样记载朱熹和他的书法:"朱子继续道统,优入圣域,而于翰墨亦工。善行草,尤善大字,下笔即沉着典雅,虽片缣寸楮,人争珍秘,不啻兴圭璧。"朱熹书法初学汉魏崇尚晋唐,主张复古而不泥古,独出己意,萧散简远,古澹和平,非流俗所敢望,大有晋人风致。

他自幼跟随父亲朱松及"武夷三先生"刘子翚、刘勉之、胡宪学书法,先后临习曹孟德、颜真卿、王安石等人的书帖。一生临池不辍,精益求精,因而有"汉魏风骨""韵度润逸"之誉。同时,他从文化流传的角度对历代书家的碑帖真迹进行鉴赏评论,写下了大量的题跋和序录,从中显示出他精到的艺术眼光和丰富的艺术思想。

尤溪县硬笔书法协会副会长、朱熹纪念馆干部叶礼明先生经研究考证认为,朱熹那种"世变自然如此"的文字观点是符合中国文字发展历史事实的,也促成朱熹每当作书时总是"不甚著意""纵笔所书""字体飘逸""灵便洒脱"的一个重要内在原因。

宋人对于书法的观点主要体现为"尚意",主要包括四方面涵义:一是要求表现哲理,二是重视表现学识,三是强调表现人品性情,四是注意表现意趣。朱熹在《上时宰三札子》中说自己:"(熹)衰病之躯……两目昏涩,殆不复见物。如作此字,但以意摸索写成,其大小浓淡,略不能知。"说的正是以"意"法书。朱熹在评论历代书法家时,经常使用"笔意""意态""快意""忙意"等词语,比如说苏轼"物色牝牡,不复可以形似格量,而其英风逸韵,高视古人,未知其孰为后

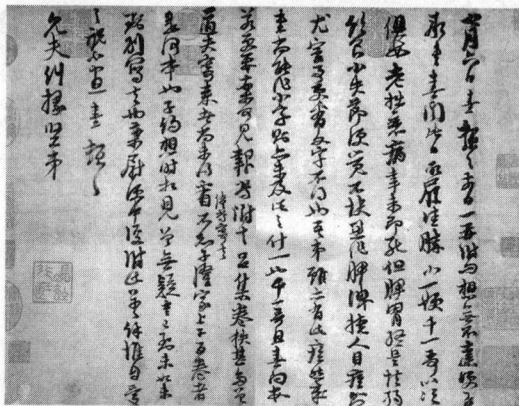

朱熹《书翰文稿》

先也。成都讲堂画像一帖,盖屡见之,故是右军得意之笔,岂公亦适有会于心欤?"但仍认为他所临之帖能取得"英风逸韵,高视古人"的效果。

在"尚意"的同时,朱熹又主张"尚情",他认为一幅好的书法作品,应当是"一一从自己胸襟流出者",反映书家的胸怀、本趣、德性、情感。他在《再跋王荆公进邺侯遗事奏稿》中说:"此纸词气激烈,笔势低昂,高视一时,下陋千古。而版本文集所载,乃更为卑顺容悦之意,是以自疑其亢厉已甚而抑损之,其虑深矣。然论其实,似不若此纸之云发于邂逅感触之初,尤足以见其胸怀本趣之为快也。"

朱熹在坚持"但以意摸索写成""一一从自己胸襟流出者"的同时,又坚持必须重视对传统法度的继承。他说:"字被苏(东坡)黄(庭坚)胡乱写坏了。近见蔡君谟一帖,字字有法度,方是字。"同时他又反对过分拘守所谓的法度。他说:"写字不要好时,却好。"这里的"不要好",就是指不死守古人法度,要化古于心胸,出以性情,笔随意到,自然天成。他在《跋十七帖》中说:"此本马庄甫所刻也,玩其笔意,从容衍裕而气象超然,不与法缚,不求法脱,真所谓一一从自己胸襟流出者,窃意书家者流虽知其美,而未必知其所以美也。"

朱熹一生题咏之迹十分丰富,再加上人们对他的墨迹奉为至宝,虽然仅仅只是只言片语、断简残编,但仍加以珍藏,所以流传至今的也就特别多。统而言之,朱熹传世墨宝大致可分为两大类：一是墨迹，二是碑刻。

朱熹墨迹遗存甚多，大致可分为三小类：一是著作手稿，如《论语集注》的《先进》《颜渊》《子罕》三篇部分手稿，《大学或问·诚意章》的部分手抄定稿，《易·系辞本义》部分草稿等。二是书写的历代诗文及自作诗稿，如孔明的《出师表》、陶渊明的《归去来辞》《城南唱和诗》《昼寒诗卷》等。三是尺牍手札，如《致程允夫书》《致彦修少府尺牍》《与方耕道书》《与东莱先生书》《与会之知郡朝议贤表书》《教授学士帖》《奉告审闻帖》《赐书帖》《卜筑帖》等。朱熹碑刻主要为石刻，也有少量竹刻、木刻等，也可分为两类：一是诗文石刻，如《刘公神道碑》《黄中美神道碑》《上蔡语录碑》《登定王台诗》《沧州歌》《四季读书诗》《武夷棹歌》等。二是一些题榜、楹联、铭箴、匾额之类，数量也不少。这里简单地介绍几个书法作品：

《城南唱和诗卷》，纸本，纵31.5厘米，横275.5厘米，帖凡64行，共462字。首题"奉同敬夫兄城南之作"，末款"熹再拜"，钤白文"朱熹之印"，北京故宫博物院藏。

此诗卷内容是乾道三年（1167年）八月，朱熹为和张栻城南诗20首所作，书写年代则较晚。此卷书法笔墨精妙，萧散简远，笔意从容，灵活自然，为朱熹传世佳作。明朝陆简《朱熹城甫唱和诗帖跋》云："紫阳夫子平生讲道之功日不暇给，而于辞翰游戏之事亦往枉精诣绝人。评书家谓其书郁有道义之气、固耳。"

《书翰文稿》，行草书。信札二幅，纵33.5厘米，横34厘米和纵33.5厘米，横45.3厘米。凡60行，后有元、明两代共11家的题识跋语，内容包括朱熹画像。明代王鏊《震泽集》云："晦翁书笔势迅疾，曾无意于求工，而寻其点画波磔，无一不合书家矩蠖，岂所谓动容周旋中礼者耶。"

《致教授学士尺牍》，纸本，草书，纵横为33.1厘米和29.3厘米，台北故宫博物院藏，为绍熙五年（1194年），朱熹辞知潭州任时所写。这幅尺牍中，朱熹的起笔多侧峰斜出，行笔迅速，转折自然，虽无意于求工，但点划波磔，无一不合传统书法的法度。

《书易系辞》，纸本，全册共十四开，102字，均纵36.5厘米，横61.8厘米，是朱熹存世仅见的大字真迹。每行仅书写二字，内容为《易经·系辞》的节句。

笔力凌厉豪劲，墨色黝黑，显得格外精神奕奕。古代许多书法家是不善于写大字的，但这恰恰是朱熹的擅长，所以他的大行书远远胜过小行书。作品有朱熹名款及"定静堂"印记，为林宗毅先生所藏，后捐赠与台北博物馆。

终朱熹一生，其书法字体最为引人的当是他晚年作于福建泰宁小均的《四季读书诗》帖。当时朱熹正遭受"庆元党禁"，被奸臣打为"伪学"党魁，精神上遭受巨大打击，他在此帖中落笔圆润，娟秀中透出悲怆，但又无丝毫颓废的感觉，因而每每阅读此帖，常常能催人奋发，勇猛精进。

天文之学

英国科技史家李约瑟在《中国科技史》一书中，就明确提出观点"朱熹是一位深入观察各种自然现象的自然学家"；日本科技史学家山田庆儿在他的著作《朱子的自然学》中表示，朱熹是一位被遗忘的自然学家；中国科学院院士席泽宗，曾发表文章《朱熹的天体演化思想》中介绍朱熹的天文学思想，并表示朱熹的天体演化思想比前人有了很大进步；学者胡道静曾撰文《朱子对沈括科学学说的钻研和发展》中指出朱熹是位自然科学家；在《中国科学技术史·天文学卷》中，收入了朱熹关于天文学的许多论述。

站在当时的历史角度，我们不妨说，朱熹在科学方面最大的贡献表现在天文学。朱熹在四五岁时便为"天地四边之外，是何物事？"所烦恼，"思量得几乎成病"。虽如此，朱熹真正关注天文则当在年近四十岁前后。1170年，朱熹在给蔡元定的一封回信中说："《星经》（蔡元定之父蔡发所著《天文星象总论》）紫垣固所当先，太极、天市乃在二十八宿之中，若列于前，不知如何指其所在？恐当云在紫垣之旁某星至某星之外，其某宿几度，尽某宿几度。又记其帝坐处须云在某宿几度，赤道几度，距垣四面各几度，与垣外某星相直，及记其昏见，及昏旦夜半当中之星，其垣四面之星，亦须注与垣外某星相直，乃可易晓。"信中明白提出几点意见，证明他此时已经对天文学倾注了许多心力。此外，朱熹在约十封给弟子的信中，也谈到了天文学问题。

朱熹弟子黄义刚和林夔孙曾经在"癸丑以后所闻"和"丁巳以后所闻"两个记录中，记载了朱熹晚年的一段回忆。那时的朱熹已年逾六十，他对天地无边的问题做了这样一个比喻：他认为天地就似墙壁一样，尽管无边，也应该像墙壁一样，在看不见的墙壁后肯定隐藏着我们还未知的领域。

朱熹在《楚辞集注》注《天问》一章中说："天之形，圆如弹丸，朝夜运转，其南北两端，后高前下，乃其枢轴不动之处。其运转者，亦无形质，但如劲风之旋。当昼则自左而向右，向夕则自前降而归后。当夜则自右而复左，将旦则自后升而趋前。旋转无穷，升降不息，是为天体，而实非有体也。地则气之渣滓聚成形质者，但以其束于劲风之中，故得以兀然浮空，甚久而不坠耳。"

朱熹对于天文学常常有自己独到的见解。比如他综合前人的"气"学理论思想，提出了以"气"为起点的宇宙演化说。他说："天地间只是阴阳之气。这一个气运行，磨来磨去，磨得急了便拶许多渣滓。里面无处出，便结成个地在中央。气之清者便为天，为日月，为星辰，只在外，常周环运转。地便只在中央不动，不是在下。"在朱熹所描绘的这一宇宙演化过程中，我们可以看出，朱熹将宇宙初始看做一个阴阳二气组成的气团，这与近代天文学关于太阳系起源星云说有某些相似，由此可见，朱熹的格物穷理精神已与西方近代的实证科学精神取得了某种历史的沟通。

对于日月星辰，即地之外的天，朱熹便采纳传统的宣夜说，他说："天无体，只二十八宿便是天体。"又说："星不是贴着天。天是阴阳之气在上面。……天积气，上面劲，只中间空，为日月来往。地在天中不甚大，四边空。"对于日月星辰的运转，朱熹否定传统的"天左旋，日月右旋"的观点，他认为天和日月皆是"左旋"，他说："盖天行甚健，一日一夜周三百六十五度四分度之一，又进过一度。日行速，健次于天，一日一夜周三百六十五度四分度之一，正恰好。比天进一度，则日为退一度。二日天进二度，则日为退二度。积至三百六十五日四分日之一，则天所进过之度，又恰周得本数，而日所退之度，亦恰退尽本数，遂与天会而成一年。月行迟，一日一夜三百六十五度四分度之一行不尽，比天退了十三度有奇。进数为顺天而左，退数为逆天而右。……天行较急，一日一夜绕地一周三百六十五度四分度之一，而又进过一度。日行稍迟，一日一夜绕地恰一周，而于天为退一度。至一年，方与天相值在恰好处，是谓一年一周天。月行又迟，一日一夜绕地不能匝，而于天常退十三十九分度之七。至二十九日半强，恰与天相值在恰好处，是谓一月一周天。"这就表明了他已对行星的运行轨道进行了探讨。

《宋史·天文志一》中还记有"朱熹家有浑仪"，我们可以推断出朱熹确实曾利用过浑天仪研究天文。在福建古田杉洋，还曾挖掘出朱熹夜观星象的聚星台和石室的遗址。

在《朱熹书信编年考》中，有朱熹写给自己弟子的三封信，其中一封是写于1188年，他告诉弟子说，听说京城某处有一个浑天仪，他很想亲自前往看看，但却苦于脚痛不能前往，他为此深感遗憾。1189年，朱熹给弟子的另一封信中，又有一段涉及天文研究的内容。朱熹说一位姓赵的人在福州用浑天仪测试北极离地面的高度是20度，而自己这里的测试高度却是24度，另外一人在"岳台"的测试结果则相差8度，并对这样不同的测试结果感到奇怪。这样看来，朱熹收藏浑天仪的时间就应该是1188年到1189年之间。

朱熹利用浑天仪观测，得出了北极并非北极星所在的位置的结论。朱熹在1171年的《答林择之》一文中写道："竹尺一枚，烦以夏至日依古法立表以测其日中之景，细度其长短。"测量日影的长度是古代重要的天文观测活动之一。最简单的方法是在地上直立一根长八尺的竿，通过测量日影的长短来确定节气。其中日影最短时为夏至，最长时为冬至，又都称为"日至"。

无疑，朱熹在他对自然科学探讨过程中，本着他格物穷理的治学精神出发，给后人留下了许多科学知识财富，但由于时代的局限，他的一些观点也是不符合科学实际的。如他解释月食说"望时月蚀，固是阴敢与阳敢"，及解释月中暗影时说"到十五日，月与日正相望。到得月中天时节，日光在地下。迸从四边出，与月相照，地在中间，自遮不过。……所以日光到月，四伴更无亏欠，惟中心有不少压翳处，是地有影蔽者尔"等。但他格物穷理的治学精神也算居功至伟。

地质之学

朱熹对大地形成与地表变化的研究是他对天文学研究的继续。他根据直观的经验推断，大地是在水的作用下通过沉积而形成的。这一观点与18世纪西方地质学的主流观点水成说具有很大的相似之处。

对于沈括所描述的地表升降变化的现象，朱熹作了更进一步的论述，他说："今高山上多有石上蛎壳之类，是低处成高。又蛎须生于泥沙中，今乃在石上，则是柔化为刚。天地变迁，何常之有？"又说："常见高山有螺蚌壳，或生石中，此石即旧日之土，螺蚌即水中之物。下者却便而为高，柔者便而为刚，此事思之至深，有可验者。"李约瑟认为，这段话在地质学上具有重要意义，另一位英国科学史家梅森也说："朱熹的这一段话代表了中国科学最优秀的成就，是敏锐观察和精湛思辨的结合。"

在地学研究方面，朱熹还曾根据亲身观察对风、云、雨、露、霜、雪、雷、虹、雹等天气现象以及物候、潮汐、佛光等自然现象加以解释。

《朱子语类》卷二"理气下""天地下"中详细表述为：

"风只如天相似，不住旋转。今此处无风，盖或旋在那边，或旋在上面，都不可知。如夏多南风，冬多北风，此亦可见。"

"霜只是露结成，雪只是雨结成。古人说露是星月之气，不然。今高山顶上虽晴亦无露，露只是自下蒸上。"

"高山无霜露，却有雪。……（因为）上面气渐清，风渐紧，虽微有雾气，都吹散了，所以不结。若雪，则只是雨遇寒而凝，故高寒处雪先结也。"

"雪花所以必六出者，盖只是霰下，被猛风拍开，故成六出。如人掷一团烂泥于地，泥必溅开成棱瓣也。又，六者阴数，太阴玄精石亦六棱，盖天地自然之数。"

"雨自是阴阳气蒸郁而成，……（密云不雨，）盖止是下气上升，所以未能雨。必是上气蔽盖无发泄处，方能有雨。"

"雷如今之爆杖，盖郁积之极而迸散者也。""虹非能止雨也，而雨气至是已薄，亦是日色射散雨气了。"

"正是阴阳交争之时，所以下雹时必寒。今雹之两头皆尖，有棱道。凝得初间圆，上面阴阳交争，打得如此碎了。'雹'字从'雨'，从'包'，是这气包住，所以为雹也。"

另外，《朱子语类》卷九十九"张子书二"记载："阳气正升，忽遇阴气，则相持而下为雨。盖阳气轻，阴气重，故阳气为阴气压坠而下也。……阴气正升，忽遇阳气，则助之飞腾而上为云也。……阳气伏于阴气之内不得出，故爆开而为雷也。……阴气凝结于内，阳气欲入不得，故旋绕其外不已而为风，至吹散阴气尽乃已也。"针对当时所谓的"龙行雨"之说，朱熹反驳说："龙，水物也。其出而与阳交蒸，故能成雨。但寻常雨自是阴阳气蒸郁而成，非必龙之为也。"

对于自然界的动植物和自然环境与季节的周期变化之间所存在的关系，朱熹说："冬间花难谢。如水仙，至脆弱，亦耐久；如梅花腊梅，皆然。至春花则易谢。若夏间花，则尤甚矣。如葵榴荷花，只开得一日。必竟冬时其气贞固，故难得谢。若春夏间，才发便发尽了，故不能久。"他还曾比较春夏之际与秋冬之际的天气状况的差异，说："春夏间天转稍慢，故气候缓散昏昏然，而南方为尤甚。至秋冬，则天转益急，故气候清明，宇宙澄旷。所以说天高气清，以其转急而气紧也。"

关于瑞雪兆丰年的说法，他解释说："所以大雪为丰年之兆者，雪非丰年，盖为凝结得阳气在地，来年发达生长万物。"在解释潮汐现象上，朱熹赞同沈括所谓"月正临子午则潮生"的看法。他说："潮之迟速大小自有常。旧见明州人说，月加子午则潮长，自有此理。沈存中《笔谈》说亦如此。"对于佛光现象，朱熹作解释说："今所在有石，号'菩萨石'者，如水精状，于日中照之，便有圆光。想是彼处山中有一物，日初出，照见其影圆，而映人影如佛影耳。"

在地理学研究方面，朱熹重视实地考察，并对地理位置、山脉的走向、河水的流向等等作详细的记录。尤为重要的是，朱熹还对古代地理学经典《禹贡》进行了细致的考订。《禹贡》是《尚书》中的一篇；该篇将全国分为9个区域，即九州，并对各州的地理作了叙述，在地理学史上具有重要的价值。朱熹对该书作了深入的研究，并对如何研读该书提出了自己的看法。

朱熹认为，《禹贡》是禹治水之后仅仅依据治水的经历编撰而成的，所以"余处亦不大段用工夫"。他还通过实地考察，发现《禹贡》中有关南方地理的论述与实际"全然不合"，说："盖禹当时只治得雍冀数州为详，南方诸水皆不亲见。恐只是得之传闻，故多遗阙，又差误如此。"又说："禹治水时，想亦不曾遍历天下。……故今《禹贡》所载南方山川，多与今地面上所有不同。"他还举例说："且如汉水自是从今汉阳军入江，下至江州，然后江西一带江水流出，合大江。两江下水相淤，故江西水出不得，溢为彭蠡。上取汉水入江处有多少路。今言汉水'过三澨，至于大别，南入于江，东汇泽为彭蠡'，全然不合！又如何去强解释得？"朱熹针对当时学者不以实地考察为据而牵强附会地对《禹贡》中错误的方面进行辩解予以了批评。

朱熹还认为，地理、地貌是变化的，研读《禹贡》必须以当今实际的地理为依据。他说："《禹贡》地理，不须大段用心，以今山川都不同了。理会《禹贡》，不如理会如今地理。"他还举例说："如《禹贡》济水，今皆变尽了。又江水无沱，又不至澧。九江亦无寻处。后人只白捉江州。又上数千里不说一句，及到江州，数千里间，连说数处，此皆不可晓者。"

从朱熹对地学的研究来看，其研究方法主要是以阴阳说作为解释自然现象的基本原理，以实地考察以及经验作为依据，在研究内容上，局限于对前人科学著作的研究。从现代自然科学的角度看，朱熹对地学的研究既缺乏严格的科学实验和观察，又缺少严密深入的逻辑分析，很难被认为是科学的研究；但是从中国古代科学的发展看，朱熹对地学的研究方法是当时普遍认同的和广泛采用的方法，尤其值得一提的是，朱熹在研究中充分表现出来的实证精神和怀疑精神。

应该说，朱熹对地学的研究取得了一些很有价值的科学成果，其中某些成就在一定程度上代表了当时的地学研究水平，因此，朱熹对地学的研究完全可以被视作是古代意义上的科学研究，而成为中国古代科技的重要组成部分。

风水之学

民间长期流传着据说是朱熹写的一首风水诗："走遍青山几万重，不知何处是真龙。三山并出包藏内，二水交流会合中。奴在面前排队伍，主从背后促尖峰。城门闭塞无空缺，水口关拦不动风。"诗作者其实尚待考证，但他曾经关注过地理风水学说则是不争的事实。

朱熹曾说："今冀都是正天地中间，好个风水。山脉从云中发来，云中正高脊处。自脊以西之水，则西流入于龙门西河。自脊以东之水，则东流入于海。前面一条黄河环绕，右畔是华山耸立，为虎；自华来至中，为嵩山，是为前案；遂过去为泰山，耸于左，是为龙；淮南诸山是第二重案；江南诸山及五岭，又第三四重案。尧都中原，风水极佳。左河东，太行诸山相绕，海岛诸山亦皆相向。右河南绕，直至太行山凑海。第二重自蜀中出湖南，出庐山诸山。第三重自五岭至明、越。又黑水之类，自北缠绕至南海。"

他在任经筵侍讲时，给新皇赵扩上的奏章《山陵议状》中直接对风水学发表了看法："古之葬者，必坐北而向南，盖南阳而北阴，孝子之心不忍死其亲，故虽葬之于墓，犹欲其负阴而抱阳也。岂有坐南向北，反背阳而向阴之理乎？"

朱熹明白阐述风水学主旨是"负阴而抱阳"，而对于择地，他又说："若以术言，则凡择地者，必先论其主势之强弱，风气之聚散，水土之浅深，穴道之偏正，力量之全否，然后可以较其地之美恶。政使实有国音之说，亦必先此五者，以得形胜之地，然后其术可得而推。"

朱熹在风水学的具体操作上，有他自己地道的见解。如他认为在绍兴的皇陵"土肉浅薄"，不宜安葬，因而他还特地想为朝廷在新安江流域寻找吉穴，只是后来因为种种原因没有被采用。对于当时某些风水师信守的所谓国音之说，朱熹力辟其非。他说："但以五音尽类群姓而谓家宅向背各有所宜，乃不经之甚者，不惟先儒已力辨之，而近世民间亦多不用。"

朱熹在晚年编订了《仪礼释宫》，并通考了古代宫室建筑制度，从风水的角度对建筑学阐明了他的观点，迄今仍在民间深有影响。

《仪礼释宫》制定："君子将营宫室，先立祠堂于正寝之东（正寝指住宅的正屋）。"就是说建造房屋之前，首先考虑的应该是祠堂或宗庙，它的位置要造在房屋的东边。这是符合理学家们讲究祭祖的传统的，"立祠堂以祭祖敬宗，续族谱为效法子孙"。

关于房屋门的走向，朱熹说："庙在寝东皆有堂、有门，其外有大门，宫室必面南"，也就是今天人们常说的建房要坐北朝南，因为这样可多得阳光，构成冬暖夏凉的小气候。朱熹又说："为何安处，以前堂后寝、暗房、亮灶；在南向而坐，以东首而寝、阴阳适中、明暗相半。屋无高，高则阳盛而明；屋无卑，卑则阴盛而暗多。故明多而伤魄、暗多而伤魂，人若魂职魄阳，苟伤明暗，则疾病生焉。"这一点从明代民居可见到底层与楼层高度还保持基本相同，总体是厅堂明、房间暗、厨房亮格局。

关于建房子之前先定基地，朱熹说："徒以远方以实广虚也，相其阴阳之和，尝其水泉之味，审其土地之宜，观其草木之盛，然后营邑立城。制里割宅，通田之作，道正阡陌之界。"这些观点，一直广为流传，对明清两代建筑产生巨大的影响。

第八章　朱熹补漏拾遗

"文""公"传奇

朱熹出生于福建尤溪公山脚下的郑义斋故居，尤溪有两座对座的山头，曰"文山""公山"。相传，宋高宗建炎四年（1130年）农历九月十五日，文山和公山同时烧起野火，红色的火焰连缀铺排，最后竟显露出两个字来，遥遥望去，两个字就是"文公"。就在人们望火兴叹之时，朱松的妻子诞下了一个儿子。不过朱松写信给岳父祝公报喜的时候，没提火烧"文公"二字之事，只有简单几句："松奉娘子幸安。小五娘九月十五日午时娩娠，生男子，幸皆安乐……"生逢乱世，朱松倒还真没想过儿子日后会成为文公，三天后的洗儿礼上，他倒指望这孩子长大后当兵打仗，其《南溪洗儿二首》云："有子添丁助征戎，肯令辛苦更儒冠？"现今尤溪县志仍记载前朝的诗歌说："文山隔水公山对，书院宏开不偶然。人杰地灵终契合，要思朱子未生前。"

又相传，朱熹诞生后不久，朱松曾求人算命。那个算卦的人说："富也只如此，贵也只如此，生个小孩儿，便是孔夫子。"大概也是后人胡编瞎猜的，不过倒还真应验了"夫子"一词。

传说终归是传说，没有什么现实根据，但这些传说从侧面说明朱熹在当时历史社会和后几朝的历史中所承载的文化符合和无以复加的地位。

煮莲教子

年幼的朱熹牢记严父的遗训，发奋苦读，从不懈怠，一有时间就帮助母亲施肥种菜，以减轻母亲的负担。而深明大义，善良慈祥的朱母祝夫人却从不让儿子分担家务，以免耽误了儿子的学业。

义父所在的五夫里，因盛产朝廷贡品的"建莲"而名闻天下，方圆十几里的莲田，在炎炎烈日下，散发出阵阵的清香。不管是凌晨还是傍晚，朱熹总喜欢在满目芰荷的林荫道旁和小溪边中诵读。

有一天，朱熹照常就读于香樟林荫旁，咏诵之声不绝于耳。他的母亲百忙之中，煮了一碗莲子汤，远远地叫着他的小名，循着他的读书声找了过来，轻轻地端到他的面前，深情地对儿子说："酷热难当，赶快喝了它，解暑散热，再读也不迟。"朱熹慌忙将手中的书放下，接过汤碗，又将它端到母亲面前，愧疚地说："母亲，孩儿不饿，您每天为了孩儿的事从早操劳到晚，还是您先喝吧！"

望着聪明懂事的孩子，祝夫人不禁感慨万分，夫君去世，母子相依为命已近两个年头了，孩了在武夷二先生的教诲下，不仅学业大有长进，而且为人处事也日渐成熟。想到这里，祝夫人用汤匙慢慢地搅动着碗里的莲子，颇有感触地对朱熹说："沈郎呀，莲乃花中之君子，它的浑身都是宝。建莲是朝廷贡品，一直供皇上享用，百姓家也可自种自享。这样看来，君王庶民均为一体，孔孟之道存乎其中。莲藕是人们比较喜爱的佳肴，还可制成藕粉；荷叶味苦，但可以清热解暑；荷花还可供观赏，个中的用处，孩儿你好好地去揣摩，要像莲花一样做个正直的人，有用的正人君子。"

朱熹品尝着莲子汤，细细地品味着慈母的这番意味深长的话语，沉思良久，终于悟出此中之意："莲子，即怜子也，慈母怜子的心是苦的，待日后学有所成之时，那慈母的心就像抽掉苦心的莲子一样，变得甘甜无比了。我应该发愤读书，以报答母亲的这份养育之苦心。"从那以后，朱熹更加废寝忘食求学上进，不管是数九寒冬，还是烈日炎炎，常常苦读至深夜，打下了扎实的学问基础。

严蕊挨打

关于朱熹的许多传闻轶事中，与妓女严蕊的故事，应该算是在知识群体中具有较高的传播率。

朱熹与严蕊的故事最早记录于洪迈的《夷坚志》《夷坚志》是本通俗小说集，并非严肃的史书。后来《二刻拍案惊奇》又加工了这个故事，亦即《硬勘案大儒争闲气，甘受刑侠女著芳名》一回，使之更具戏剧性。

故事大致表述为：相传台州知府唐仲友与官妓严蕊在社交活动中相识，通过对诗渐渐产生了一些超友谊的情感。正待唐仲友设法替严蕊恢复自由身时，朱熹上任浙东提举，接群众举报，说唐仲友宿娼。朱熹与唐仲友在学术上是对头，于是就逮捕了严蕊。不料，朱熹看到严蕊的姿色，竟习惯性地心猿意马起来。于是他老人家恼羞成怒，严刑拷打，一心想制造冤假错案，最后甚至惊动了皇帝。后来朱熹改官，岳飞的儿子岳霖任提点刑狱，释放了严蕊，判令从良，严蕊最终被宗室贵族纳为妾。考证岳霖的生平，他并没有到台州当过官，单这一点就可以知道这则故事的荒诞和离谱。

历史上的严蕊实有其人。关于这个台州官妓捱荆条抽打的事，唯一的第一手史料，是《朱文正公全集》中收录的朱熹参劾唐仲友的六个折子中提到的她的事，以及奏折中摘引的她在台州和绍兴两地司理院受审时的口供。

朱熹与唐仲友的历史事件在前文已有详细表述，这里要讲的是严蕊。严蕊的确是唐仲友最宠爱的官妓，经常出入唐的内宅，还和别的官妓一起侍候唐仲友洗澡。唐仲友要收她作妾，所以用太守的职权准许她脱籍，叫她到外地去住。可是当时唐仲友即将要升任江西提刑使了，他怕严蕊真地脱了籍不跟他去江西，所以并不给她在妓乐司衙门正式办脱籍手续。

朱熹弹劾唐仲友不法之事之一是滥用职权，私放官妓，而严蕊在没办正式手续的情况下，以台州官奴的身份到外地居住，如按"逃亡律"治罪要判徒刑。所以朱熹把严蕊从黄岩捉回台州，不必审问，至少就是杖罪。当时唐仲友虽已停职，但势力还很大，一直要刮翻案风。司理院衙门要对严蕊决杖，其实是借此打击唐仲友的气焰。这是严蕊第一次受刑。

朱熹为进一步查实唐仲友的问题，就把一干人犯都送到绍兴司理院再审，单是妓女就包括严蕊、沈芳、王静、张婵等好几个。然而，绍兴再审，仍然没有告倒唐仲友，反而严蕊她们，到结案时仍少不得因犯"不应律"等罪名，再受一次刑，而且至少是"杖四十"。

严蕊作为台州的"都行首"，也就是现今人们评价的头牌妓女，在两个月内连挨两次打的消息，很快就成为不胫而走的谈资。因此，朱熹和她之间的事，便附会出不同的传说版本。

丽娘之死

与严蕊的故事相映成趣的，是在武夷山广为流传的朱熹与胡丽娘的传说。

淳熙十年（1183年），朱熹在武夷山九曲溪畔五曲溪创办了一所书院，叫做武夷精舍，当时四方求学的弟子非常多，形成了道学在武夷的这种壮观场面。有一天，朱熹讲完学到溪畔去散步，前面走来一个非常漂亮的女子跪在他的脚下，自报姓名叫"莫问奴"，请朱熹收她为徒。朱熹感到非常地突然，因为从来没招收过女学生，所以不便破例。胡丽娘说："孔子不是提倡'有教无类'吗？先生就不能招女学生么？"于是，朱熹只好破例地收了这个女生。

原来这个"莫问奴"的名字的由来，是取自她母亲严蕊所作《卜算子》中的最后一句。据传，岳霖提点刑狱时，让严蕊陈状为自己辩解，严蕊口占一词云："不是爱风尘，似被前身误，花落花开自在时，总是东君主。去也终须去，住也如何住，若得山花插满头，莫问奴归处。"当然，这首词据严蕊在受审时交代，其实是仲友的一个亲戚替她做的，不过能被她在这个时候引用，倒也真显得几分敏捷的功夫。

胡丽娘长大未出嫁，丈夫就已先天亡。严蕊为应和贞节烈女的女性条规，骗自己的女儿只象征性地嫁出五天，然后把胡丽娘送上花轿。到了婆家以后，胡丽娘就被告之要一辈子锁在小楼里，不得出楼门，仅靠一根锁链传递食物。胡丽娘悲愤不已，放火焚烧小楼，婆家的人以为她死了，就对外号称她自焚殉夫。朱熹知道这事后还亲自为之题词，称她为"妇德楷模""贞烈可风"！可胡丽娘破窗而逃，并没烧死，并决定去找朱熹替自己和母亲讨回公道。

朱熹招收胡丽娘为学生时，原配夫人刘氏已经去世多年。朱熹在与胡丽娘长久的日常接触中，情难自抑，不自觉地爱上了她。而胡丽娘每天耳濡目染听朱熹讲"入贤入圣"的话，非但磨灭了她复仇的决心，反而越来越觉得朱熹人格的伟大。

然而，第二年冬天，新来的一个学生忽然觉得新师母很面熟，他悄悄对同学说："我好像在哪儿见过新师母，她叫胡丽娘，就是朱夫子亲笔题赞的烈女楷模！"胡丽娘婆家风闻此事，率族众上山来抓人。朱熹的亲朋好友也埋怨胡丽娘："你怎么这么糊涂啊，妇守夫节，是你做人的根本，你这样一来，不仅违背了戒律，也害惨了夫子，你叫他以后如何做人啊！"

胡丽娘懵了，大喊一声："天灭我，不可活！"说完就冒着大雨跑出门去。背后传来阵阵锣鼓声："抓狐狸娘啊，抓狐狸娘啊……"胡丽娘奋身猛跑，忽然前面的悬崖挡住去路。她看着背后越来越近的人群，绝望地纵身跳下了悬崖……

当朱熹发现自己爱上的竟是自己亲手为她题词的贞节烈女，深受打击。此后，朱熹再也不敢轻言续弦之事。由于武夷山经常有狐狸出没，胡丽娘的名字又与狐狸相近，便纷纷谣传胡丽娘是狐狸变的，演绎到后来，就成了朱熹与狐狸精的故事了。

葱汤麦饭

七月的一天，骄阳似火，暑气逼人，朱熹利用教学之余去探望女儿。当他气喘吁吁赶到女儿家时，已近中午。女儿见父亲专程抽空来看望自己，心里十分高兴，可同时又感到为难，因为家贫，实在难做出一点象样的菜肴来款待父亲。于是，只好烧了一碗麦屑饭，泡了碗葱花汤。

女儿面有难色、神情尴尬地端上葱汤麦饭，望着父亲苦笑了一下。朱熹十分了解女儿家的困境，丝毫没有责怪的意思，反面安慰女儿道："这样的饭菜很不错嘛，吃来不仅喷香可口，可以充饥，而且还能滋补身体。"

女儿心里很不好受，说父亲真会开玩笑。朱熹说道："这是真的。你知道，我从小贫困，就是现在也不富裕，常常和学生们在一起烧些豆饭藜羹吃，能吃上葱汤麦饭应当说是不错了。我上你这来时，路过前面的几个村庄，见有的人家烟囱还未冒烟呢。"为了证明自己是发自内心的，朱熹还随口吟了一首诗：

> 葱汤麦饭两相宜，
> 葱补丹田麦疗饥。
> 莫谓此中滋味薄，
> 前村还有未炊时。

咽苦免税

朱熹曾任焕章阁待制兼侍讲，成为宁宗皇帝"钦点"的经筵讲官之一。一口，宁宗皇帝听完早课后，心血来潮，留下朱熹陪他聊天。然后突然问道："爱卿出生于福建尤溪，不知尤溪百姓生活怎样？有何特产？"

朱熹见皇帝动问，不知是何用意，是福是祸一时还揣摩不明白，只好含糊地说："启奏万岁，尤溪在吃的、用的方面，百姓尚可温饱。"谁知宁宗说："爱卿可回尤溪一趟，将尤溪的特产带些来供朕享用，如何？"朱熹只得领旨而出。

回乡路上，朱熹想起了一件事，说是尤溪的邻县有一株奇特的茶树，长在一块大岩石上端的缝隙里，茶叶香浓味美，喝后明目清心，人们都说比龙井、铁观音更胜一筹。地方官为了奉承皇上，精制了一盒，给皇上送去。皇上一喝，龙颜大悦，果真十分满意，便下了一道圣旨，这株茶树皇上全包了。此后，这棵茶树的茶叶经过精心地加工，全得往京城送去，真劳民伤财。想到这，朱熹可犯愁了，尤溪是个山区，海味没有，山珍倒是不少，像尤溪雪梨、金桔、红菇等等，都是远近闻名的珍品。但如果把这些特产献给皇上，一旦被皇上看中，就得年年上贡，尤溪人民岂不因我而遭殃？但不带些特产回京，又有抗旨之罪，那可不是闹着玩的。怎么办呢？

回到尤溪老家，朱熹终于有了妙计。他在回京之前，既不要金柑，也不带绿笋、红菇，而是带上了桐子，连根带叶的箬竹和毛竹叶三样东西。

宁宗问他带回什么特产，朱熹首先献上桐子说："万岁，这是尤溪百姓欢吃的雪梨，请万岁品尝。"宁宗接过"雪梨"咬了一口，只觉又苦又涩，不禁大怒："呸！大胆朱熹竟敢欺骗于朕，这东西如何能吃！"朱熹不慌不忙地奏道："万岁息怒，尤溪乃穷山僻壤，此已是最好水果，尤溪百姓视为上品，用以招待上宾，轻易还舍不得吃。万岁既不喜欢，就赐予微臣吧。"于是，宁宗把桐子递给朱熹，亲眼看着他吃。朱熹接过桐子，强忍苦涩，不假思索地大口嚼起来，还不停地说好吃。

宁宗皇帝见朱熹吃得有滋有味，深信不疑，心想：大概那地方的人吃苦吃惯了，量那朱熹也不敢欺君。于是，又问朱熹还带了些什么稀有之物。朱熹又献上箬竹说："万岁，微臣家乡满山遍野盛产这种竹子。"宁宗见那竹虽叶子又长又大，但连根带杆不到3尺，仅笔杆粗细，实在想不出有什么用处，摇摇头说："这么细的竹子，顶什么用啊！"朱熹又拿出毛竹叶子说："启奏万岁，这里还有更小的呢！这竹子虽细小，却是尤溪百姓赖以维持生计之物。"宁宗一看，毛竹叶那么细小，想象中竹杆更小得不可再小了，十分不快道："难道尤溪山上没有别的特产了吗？""除此之外，仅灌木杂草而已。"朱熹肯定地回答道。宁宗十分扫兴，怏怏不乐地说："看来尤溪百姓太穷苦了，山上长的梨苦涩难咽，连竹子都长不大，真该免了尤溪的山税。"

朱熹一听，"咕咚"一声跪地谢恩，乞赐免税诏书。宁宗皇帝话已出口，也不好收回，就下了《尤溪山免税》的诏书。从此以后，尤溪县由于免了山税，百姓负担减轻，就更加兴旺繁荣起来。

朱熹纪念馆

　　造型庄重、严谨的武夷山朱熹纪念馆，是一座于 1990 年落成的庑殿式大院。馆内悬挂着新近书写的匾额、楹联，其中有不少联文，语言精练、寓意深长，文采斐然。

　　古朴的大门上高悬着一块大匾，题为"朱熹纪念馆"五个醒目大字，是方毅同志在武夷山视察时留下的墨宝，庄重、苍劲，有书法大家的风范。殿前大门两侧的草书楹联表达了朱熹继承和发展的深邃意义，联曰："接伊洛之渊源，开闽海之邹鲁"，联文说明朱熹的理学思想已成为我国哲学发展史上的一个承上启下的重要阶段。这副楹联悬于大门显得端庄典雅，醒目点题。大殿前有一副"致广大而尽精微，极高明而道中庸"的对联，表述了朱熹的哲学体系博大精深和儒家人生处世的规范。大殿前横匾上书写的"学达性天"四字，字体雄浑、硕壮。这块原为清朝康熙皇帝于公元 1787 年为"紫阳书院"御题的匾额，其大致意思是："学"为格物，"达"为致知，"性"为道，"天"为德，"格物致知"是朱熹认识论的核心，把道德看作天道的体现。即通过道德修养，追求"至诚"的境界，以感应天地，达到"天人合一"。

　　赵朴初先生最欣赏挂在大殿内、由潘主兰先生撰写的一副篆体楹联。对联叙事写意，辞简意赅，阐述了朱熹的理学以孔孟等儒家思想为主干，兼取大量的唯物主义朴素思想与自然科学的成果，奠定了朱熹成为与孔孟等先哲并列的地位。全联是：反躬践实，穷理致知，传二程而分流；讲学授徒，著书立说，配十哲之永馨。赵朴初先生参观纪念馆后，对朱熹 40 余年在武夷山授徒著述和创建闽学体系的功绩表示钦佩。他应主人之请，挥毫书写了一副对联，以示对朱子崇仰之情。联曰：千古敏以求，性天学述二程子；三字"不远复"，心地功行九曲溪。

朱熹陵

朱熹陵坐落在福建省建阳市黄坑乡后塘村大林谷，掩映于青山绿水之中，至今保存完好，列为省级文物保护单位。

山坡下是一座金黄色琉璃瓦盖顶的六角亭，上方悬挂"思源亭"匾额。此系韩国新安朱氏中央宗亲会代表团1990年拜谒朱熹陵墓后捐建。在"思源亭"的右侧，竖有四方石碑：一方落款为"韩国新安朱氏中央宗亲会代表团拜立"，镌刻朱熹后裔迁徙朝鲜半岛的史实；一方为该团团长、朱氏三十五世孙朱昌均等所立，上刻"先祖文公永垂不朽"；一方为"思源亭"的捐资者芳名录；还有一方是建阳市朱熹遗址修复会为韩国朱氏拜谒朱熹先祖、捐建"思源亭"而竖立的纪念碑。在第一方石碑上镌刻的《碑记》云：南宋嘉定十七年（1224年），朱熹曾孙清溪携子女及门人叶、赵、陈、周、刘、杜、陶七学士浮海东渡朝鲜半岛，其后子孙繁衍历七百六十余载，世代不忘考亭世泽，特返故乡，寻根祭拜先祖，立碑建亭，以表永怀祖德之情。见此，我们深深感受到中华民族炎黄子孙播迁海外、血脉相连的赤子之情。

过"思源亭"，缓登林间石级，即抵朱文公墓园。墓园由墓穴、墓埕、围墙、石桌、石烛台组成，以鹅卵石砌筑，简洁庄重，朴素无华。四周为茂密的松、柏、竹、杉树。在墓穴的后方，竖立"宋先贤朱子、夫人刘氏"石碑。墓埕中央的石桌、石烛台，仿佛在讲述着先贤日以继夜伏案著书的情景。

朱熹公园

朱熹公园位于福建尤溪县，面积22000平方米，其中，朱熹诞生地建筑群面积5000平方米。公园内有甚多的朱熹遗迹及文物古迹，包括："南溪书院"即朱熹诞生地郑义斋馆舍，原址尚存；沈郎樟公园，即朱熹幼年手植的两株古樟至今仍生

朱熹公园文公祠

机勃勃；朱熹幼年读书的"半亩方塘""观书第"等；"碑廊"，1988年朱熹塑像落成时，国内诸多书法名家留下大量题词墨迹，镌刻成碑；朱熹文化广场、音乐喷泉、朱熹生平浮雕等。其中，朱熹塑像矗立在城关三角场，1988年4月建造。塑像为古铜色，由玻璃钢材料制成，像通高13.55米，圆形基座，高0.85米，直径21米，用花岗石砌成。塑像正面朝西北，造型中朱熹塑像手持书本，体现其诲人不倦的学者风度；身子稍微前倾，体现出动感，头部略微朝下，体现朱熹体察民情，关心黎民百姓。

紫阳楼

紫阳楼，又名紫阳书堂、紫阳书室，朱熹在此定居共50年整，位于武夷山市五夫镇东面的府前村首。后毁于民国，尚存遗址。紫阳楼历代都曾重修过，如今看到的是两年前为申报世遗而重建的。明代戴铣《朱子实记》卷七云：朱子故宅在五夫里潭溪之上，屏山正对。这居室地处群峰叠翠的屏山脚下，位于碧水混流的潭溪之滨。楼的四周青山环绕，古树参天，山明水秀，荷塘莲花，映日盛放。屋后几畦青圃镶嵌着半亩方塘。紫阳楼的构筑格式庄重典雅，青砖素瓦，一检两进。前进为朱轰书斋及寝室。中堂悬匾曰紫阳书室，是表示不忘故土，将其祖籍徽州婺源的紫阳山为居室之称。

紫阳楼近旁尚有朱熹当年汲水之井，名为灵泉。水清如镜，甘冽冠全五夫之井水，村人饮用至今，虽大旱之时，犹涌泉不涸。据说，当年朱熹在此苦读时，无意间瞥见方塘中的云彩映衬着消瘦的人影，再回首看看屋后的灵泉，顿生感悟，于是吟出了饱含哲理的千古名句半亩方塘一诗。

朱学沉浮

由于长期受"左倾"思潮的影响，社会上，尤其是平民百姓，对朱熹的歪曲太深，其真正的贡献反而不为人知。确切地评价朱熹，应该说他在中国文化、思想、学术上的地位，是孔学赖以流传的传承人。朱熹看到中国传统主流文化受到以佛教为主体的外来文化的冲击，便吸收了佛教、道教的精华，创建了新儒学，使儒学重获新生。历史学家蔡尚思这样评价："东周出孔子，南宋有朱熹，中国古文化，泰山与武夷。"

在中国文化史上，朱熹的学说与孔子前后辉映，成为影响整个中国封建社会后半期统治阶级思想最重要的理论。如钱穆所言朱子集理学之大成，"朱子于北宋理学，不仅汇通周张二程四家，使之会归合一，又扩大其范围，及于邵雍尧夫，司马光君实两人，特作六先生画像赞，以康节水与周张二程并举齐尊""朱子虽为理学大宗师，其名字与濂溪、横渠、明道、伊川并重，后人称为濂、洛、关、闽。然朱子之理学疆境，实较北宋四家运为开阔，称之为集北宋理学之大成，朱子决无愧色"。

程朱理学是中国封建社会时期统治时间最长、影响最深的一种官方哲学。但是，理学在其初始发展阶段由于被斥为"伪学"而几度遭到禁止。发生在北宋时期的"元祐学禁"以及南宋的"绍兴学禁"和"庆元学禁"都给理学以沉重打击。但理学毕竟是一种较为完备的客观唯心主义哲学体系，由于其政治适应性，尽管历经坎坷而终成正宗。这其中既有反道学斗争的缺陷，使得对理学的批判无力，也有魏了翁等人恢复发展理学的积极努力，更重要的是封建统治阶级对程朱理学的政治需要。因此，理学的正统化实现乃是历史的必然，当然，随着历史的发展，程朱理学毕竟是封建地主阶级的哲学，其唯心主义的本质决定了它必将被民主主义的思想所取代，并最终退出历史舞台。

朱熹逝世后不久，韩侂胄意识到对道学的打击不得人心，悄悄驰禁。一些被革职的朱熹门人也逐渐复官。在朱熹第一代门人的不懈努力下，宋朝廷开始缓慢地为朱熹学派恢复名誉。1210 年，宋宁宗诏赐谥朱熹"文"。1227 年，宋理宗接见朱熹之子朱在，说："恨不能与（朱熹）同时。"1241 年，朱熹进入孔庙，诏令学官从祀。

最重大的转折发生于元代。1313 年，元仁宗宣布科举取士，规定第一、二场考试限从朱熹《四书集注》中出，诠释以《四书集注》为主。元明清三代，朱熹对儒家经典章句的注释一直成为科场试士的科目，朱熹的学说被尊崇为官方意识形态。朱元璋洪武二年（1369 年），科举以朱熹等"传注为宗"，朱学遂成为巩固封建社会统治秩序的强有力精神支柱。以至人们说："天下之学皆朱子之书。"至此，朱熹正式与孔子并列，并称"夫子"。康熙皇帝还曾亲自主持编写了《性理精义》，一再倡导理学，推崇朱熹，乃至称誉他"开愚蒙而立亿万世一定之规""欲求毫厘之失，亦未可得"。

五四运动以来，朱熹和他的程朱理学一度被视为荼毒中国社会千百年的"思想毒瘤"，直至打倒四人帮之后，才逐渐正视朱熹和他的学说，还朱熹一个清白。五十多年的不断丑化和扭曲，朱熹在本土似乎已无立足之地。而在海外，朱子学却正绚烂。钱穆、牟宗三、陈荣捷诸先生自不用多说，连欧美的学者们也开始钻研起朱子专著来。其实，朱子学说从南宋以降，便对东南亚文化圈造成了巨大的影响，尤其是韩朝日三国，可以说，东亚的儒学圈实质上就是朱熹理学的影响所达到的范围。

据韩国史籍记载，韩国最早接触到朱子的学者是名儒安珦（晦轩，1243—1306 年）。安珦于 1290 年"留燕京，手抄朱子书，又摹写孔子、朱子真像……自是讲究朱书，深致博约之工。"安珦"谕诸生文"曰："吾尝于中国得见朱晦庵著述，发明圣人之道，攘斥禅佛之学，功足以配仲尼。欲学仲尼之道，莫如先学晦庵。诸生行读新书，当勉学无忽。"《高丽史·安珦本传》记：
"（珦）晚年常挂晦庵先生真相，以致景慕，遂号晦轩。"

安珦之后，有一位忠宣王（名璋，1309－1313年在位）更是一位中华文化的
迷恋者，他长期居留在燕京（元大都），与当时许多名儒交游，继位后仍淹留不
归，乃至放弃王位，传位与子，最后死于燕京。

在韩国史上程朱理学被指定为科举考试中"经问""经疑"的标准答案，因此
程朱理学输入与传播的速度是相当快的。韩国现代学者柳承国认为："在朱子学传
来以前，高丽的知识人信仰上崇尚佛教，政治上则奉行儒教。"又说："高丽时代的
儒学思想，大别之可分为朱子学输入前与输入后来考察……朱子学以'理学'的
立场，以'四书'为中心，属理论儒学；而高丽初期的儒学则以政治的立场，以
'五经'为中心，乃属实践儒学者。"

《高丽史》还特别记载了郑梦周对宣扬朱熹理学的功绩。郑梦周，字达可，号
圃隐，1337年生，卒于1392年。他"内建五部学堂，外设乡校，以兴儒术"，因
在成均馆长期讲学，言传身教，影响广泛而深远，而被韩国人称为东方理学之
宗祖。

日本江户时代堪称理学时代，以朱熹为代表的理学牢固占领思想领地。日本
朱子学派的创始人藤原惺窝说："宋儒之高明，诚吾道之日月也。""朱子尊七篇
（《孟子》）作'集注'、'或问'并《学》《庸》《论语》为《四书》，诚百世万年圣
学之标的。呜呼大哉！"对朱子学和朱熹推崇到了极点。

对西方其他国家，朱熹的学说也有很大影响。西方先贤莱布尼茨的思想受朱
熹极大的影响，这向来被视作中西文化交流的一个美谈。在莱布尼茨去世前一年，
在著作《论中国哲学》中表达了他直到暮年仍然尊崇和向往中国的朱熹等理学家
那种思想开放、独立思考、富有思辨的品格和崇尚理性的信念。斯宾诺莎和朱熹
的关系，也有人津津乐道，甚至穿凿附会，有点过于夸大朱熹的伟大。孟德斯鸠
最著名的《论法的精神》是在中国留学生黄加略的协助下完成的，论者多由孟德
斯鸠的《关于中国问题与黄先生对话》看出他受朱熹思想的影响。而伏尔泰推崇
朱熹理学是"理性宗教"的楷模，是唯以德教人，"无需求助于神的启示"。狄德
罗在《百科全书》中赞颂中国的儒教与理学，说它"只须以理性或真理，便可治

国平天下。"霍尔巴赫在《社会体系》中称,在中国"伦理道德是一切具有理性的人的唯一宗教""欧洲的政策必须以中国为模范"。

今天,我们重新把正视的目光聚焦朱熹,越来越发现朱熹的学说为我们克服前进中的种种危机,提供了诸多的智慧和启迪,朱熹的思想对于我们建设现代化仍有巨大的价值。于是,20世纪70年代末80年代初,在全球范围内发生了研究朱子学的热潮。这场最先由海外发端的思想、学术之潮很快影响到国内的学术界。经过一段时间的酝酿、准备,90年代初,中国内地的朱子学全面崛起,关于朱熹学说的论著蜂拥而起。

如今,人们依旧在谈朱熹,在研究朱熹,在谈和研究他的学说,可以预见,朱子学还将得到更大的发展。我们希望越来越多的研究成果被应用指导现实,也希望朱老夫子的在天之灵能得以告慰。

附录：朱熹年谱

南宋高宗建炎四年（1130 年）

1 岁。农历九月十五日午时，诞生。

南宋高宗绍兴三年（1133 年）

4 岁。其父朱松指天示曰："此天也。"熹问曰："天之上何物？"松大惊。

南宋高宗绍兴四年（1134 年）

5 岁。入小学。

南宋高宗绍兴六年（1136 年）

7 岁。随父迁居建州。

南宋高宗绍兴七年（1137 年）

8 岁。通《孝经》大义，并题其上曰："若不如此，便不成人"。

南宋高宗绍兴十年（1140 年）

11 岁。受学于家庭。

南宋高宗绍兴十三年（1143 年）

14 岁。父朱松去世。遵父遗嘱，师事崇安胡原仲、刘致中、刘彦冲；刘致中以女许熹为妻；刘彦冲命熹字"元晦"。

南宋高宗绍兴十四年（1144 年）

15 岁。葬父于崇安县五夫里之西塔山。

南宋高宗绍兴十七年（1147 年）

18 岁。秋天中建州乡贡。考官蔡兹谓：必非常人也。

南宋高宗绍兴十八年（1148 年）

19 岁。春天，中王佐榜第五甲第九十名进士，赐同进士出身。

南宋高宗绍兴二十年（1150 年）

21 岁。回祖籍婺源祭扫祖墓。

南宋高宗绍兴二十一年（1151 年）

22 岁。授左迪功郎，泉州同安县主簿任内，治绩卓著。

南宋高宗绍兴二十三年（1153 年）

24 岁。徒步数百里，受学于延平李侗；生长子朱塾。

南宋高宗绍兴二十四年（1154 年）

25 岁。生次子。

南宋高宗绍兴二十五年（1155 年）

26 岁。七月，冬奉檄调旁郡，因代者未至，在泉州候职；批读《孟子》。

南宋高宗绍兴二十七年（1157 年）

28 岁。十月任满罢归。同安士子怀其惠，相与立祠于学官。

南宋高宗绍兴二十八年（1158 年）

29 岁。以讲学为务，暇时前往延平向李侗求教。十二月，差监潭州南岳庙。

南宋高宗绍兴二十九年（1159 年）

30 岁。作《谢上蔡语录后序》。

南宋高宗绍兴三十年（1160 年）

31 岁。再到延平见李侗，拜师。

南宋高宗绍兴三十二年（1162 年）

33 岁。八月，应诏上封事。

南宋孝宗隆兴元年（1163 年）

34 岁。孝宗召见，熹又重申前议于垂拱殿。十一月，除拜武学博士，写《论语要义》《论语训蒙口义》成。

南宋孝宗隆兴二年（1164 年）

35 岁。写《困学恐闻》。

南宋孝宗乾道元年（1165 年）

36 岁。复差监潭州南岳庙。

南宋孝宗乾道三年（1167 年）

38 岁。八月，访南轩张栻于潭州，作《南岳唱酬集》；除克枢密院编修；十二月至长沙，作《东归乱稿》。

南宋孝宗乾道四年（1168 年）

39 岁。四月，崇安发生饥荒，熹贷粟于府以赈之。编次《程氏遗书》成。

南宋孝宗乾道五年（1169 年）

40 岁。正月，生三子朱在。九月，母祝孺人逝。作《太极通书后序》。

南宋孝宗乾道六年（1170 年）

41 岁。正月，葬祝孺人于建阳县崇泰里后山；写《家礼》成；七月，迁父墓于寂历山。

南宋孝宗乾道七年（1171 年）

42 岁。立社仓；回尤溪为其父任所书"韦斋旧治"。

南宋孝宗乾道八年（1172 年）

43 岁。《论孟精义》成；四月，编《资治通鉴纲目》；撰《八朝名臣言行录》《西铭解义》成。

南宋孝宗乾道九年（1173 年）

44 岁。解《太极图传通书》成，编《伊洛渊源录》；编次《程氏外书》；命授左宣教朗，改入官主管台州崇道观，辞。作《重修尤溪庙学记》；并亲书《明伦堂》匾，挂尤溪学官。

南宋孝宗淳熙元年（1174 年）

45 岁。六月，始拜命左宣教朗之职。

南宋孝宗淳熙二年（1175 年）

46 岁。"鹅湖之会"；编《近思录》成；七月，作《晦庵》。

南宋孝宗淳熙三年（1176 年）

47 岁。回祖籍婺源祭扫先祖墓。六月，除秘书省秘书朗，辞；八月，不允，再辞，仍旧差主管武冲观；十一月十三日，妻刘令卒。

南宋孝宗淳熙四年（1177 年）

48 岁。六月，《论孟集注或问》成；十月，《周易本义》《诗传集注》成。

南宋孝宗淳熙五年（1178 年）

49岁。八月，差知南康军兼管内劝农事，辞，不允，降旨便道之官；十月丐祠，十一月省札检会已降指挥，十二月赴任。

南宋孝宗淳熙六年（1179年）

50岁。六月，奏乞蠲免星子县税钱；十月，重建"白鹿洞书院"。

南宋孝宗淳熙七年（1180年）

51岁。四月，申减属县科纽秋苗夏税木炭月桩经总制钱二千缗；作《卧龙庵》记诸葛武侯。

南宋孝宗淳熙八年（1181年）

52岁。南康任满。与象山共讲学于白鹿洞书院；差提举江南西路常平茶盐，待次。七月，除宣教郎直秘阁；八月，转提举浙东常平茶盐公事；十一月，奏事延和殿。

南宋孝宗淳熙九年（1182年）

53岁。七月，劾奏前知台州唐仲友不法。同月，毁秦桧祠。八月，除直徽猷阁，辞，不允。差江西提点刑狱，辞。诏与江东提刑梁总，两易其任，再辞。十一月，力辞新任职名，仍请祠。

南宋孝宗淳熙十年（1183年）

54岁。正月，差主管台州崇道观。二月，拜命。四月，《武夷精舍》成。五月，订本宗族谱成。

南宋孝宗淳熙十三年（1186年）

57岁。三月，《易学启蒙》成。八月，《孝经刊误》成。

南宋孝宗淳熙十四年（1187年）

58岁。三月，编次《小学书》成；差主南京鸿庆宫；七月，除提点江西刑狱公事，以疾辞，不允。十一月，始拜命。

南宋孝宗淳熙十五年（1188年）

59岁。六月，除兵部郎官。以足疾请辞，诏依旧职名提刑江西。八月，以足疾丐祠，除直宝文阁，主管西京崇福宫。十一月，上《戊申封事》。

南宋孝宗淳熙十六年（1189年）

60岁。正月，除秘阁修撰，辞。二月，光宗即位，拜祠命，辞职名，不允。

《大学章句》《中庸章句》成。四月，再辞职名，五月从所请，仍旧直宝文阁，降诏奖谕。闰五月更化覃恩转朝散郎，赐绯鱼。八月，除江东转运副使，辞。十一月，改知漳州，再辞，不允，始拜命。任职一年。

南宋光宗绍熙元年 (1190 年)

61 岁。四月上任，首下教令。奏行经界法。刻《五经》《四书》于郡。

南宋孝宗淳熙二年 (1191 年)

62 岁。正月，长子塾卒。三月，复除秘阁修撰，主管南京鸿庆宫。四月，再辞职名。五月，归建阳，七月，再辞职名，不允。九月，除荆湖南路转运副使，辞。十二月，以漳州经界法不行，自劾。

南宋孝宗淳熙三年 (1192 年)

63 岁。筑建阳考亭书院。十二月，除知静江府广南西路略安抚，辞。《孟子要略》成。

南宋孝宗淳熙四年 (1193 年)

64 岁。二月，仍旧主管南京鸿庆宫。十二月，除知潭州荆湖南路安抚使，赐紫章服，辞，不允。

南宋孝宗淳熙五年 (1194)

65 岁。正月，会洞獠侵扰属郡，五月至镇，遣使谕降之。改建岳麓书院。奏请飞虎军隶本路节制，从所请。六月，申乞归田，不允。七月，宁宗即位，召赴行在奏事，辞。考正《释奠礼仪》行于郡。八月，除焕章阁待制兼侍讲，辞，不允。九月再辞，有旨趣令疾速供职。十月，朔乞且带旧职奏事，次日入国门，越日奏事行宫便殿。奏事后，辞新除待制职名，不允。任职仅四十六天。上孝宗山陵议状。受诏进讲《大学》。差兼实录院同修撰，再辞，不允。更化覃恩授朝请郎，赐紫金鱼袋。闰月编次讲章以进。诏除宝文阁待制，知江陵府湖北安抚，辞。十一月，还考亭复辞前命，仍乞追还新旧职名。十二月，诏依旧焕章阁待制，提举南京鸿庆宫。《竹林精舍》成。

南宋宁宗庆元元年 (1195 年)

66 岁。正月，辞旧职名。三月，又辞，不允，转朝奉大夫。五月，辞职名并乞致仕，不允。十二月，以屡辞职名，诏依旧克秘阁修撰宫祠如故，罢去侍讲职衔。《楚辞集注》成。

南宋宁宗庆元二年（1196 年）

67 岁。"庆元党案"。十二月，削秘阁修撰。修《仪礼经通解传》成。

南宋宁宗庆元三年（1197 年）

68 岁。与蔡季通会宿寒泉，订正诸书。十二月，著《伪学籍》《韩文考异》成。

南宋宁宗庆元四年（1198 年）

69 岁。十二月，乞致仕，封婺源开国男，食邑三百户，仍兼秘阁修撰。

南宋宁宗庆元六年（1200 年）

71 岁。正月，作《聚星亭赞》。三月初，为诸生说《太极图》和《西铭》甚详。初九日午时卒于建阳考亭。临终前，作书三封着子弟更力加修正遗书。十一月，葬建阳县崇政乡嘉禾里九峰州龙归后塘九顿峰下。